Opskriften på Succes i Restaurationsbranchen

Lær at drive og optimere din profit!

Af: Bent Andreasen

Bent Andreasen

Opskriften på Succes i Restaurationsbranchen

Forlag: BoD · Books on Demand GmbH, In de Tarpen 42,

22848 Norderstedt, Tyskland

Tryk: Libri Plureos GmbH, Friedensallee 273,

22763 Hamborg, Tyskland

ISBN: 978-87-4305-828-1

Indholdsfortegnelse

FORORD:

Jeg er vist det, man kan kalde for fagskadet, for hver gang jeg er ude at spise på en restaurant, cafe, eller blot et eller andet sted hvor der serveres en eller anden form for mad, så ender jeg med at analyserer alle detaljer af mit besøg.

Fra det sekund jeg kommer ind i restauranten, besøget på toilettet, som jeg i øvrigt allerede som barn lærte af mine forældre, er vigtigt at besøge som det første, eftersom et toilet afspejler kvaliteten af alt i restauranten, fra renlighed, til kvalitet, nøjsomhed og øjet for detaljer. Og det slår sjældent fejl! For det er få gange hvor toiletter ikke afspejler restauranten kvalitet på en eller anden måde.

Min kone som selv er et meget detaljeorienteret menneske, med sans for kvalitet, syntes, at det kan være lidt anstrengende at gå ud med mig, for jeg skal altid kommentere på alt, og det kan ødelægge oplevelsen for hende. Jeg er enig, til tider kan det skabe en lidt dårlig stemning. Jeg forsøger derfor at nedtone mine analyser og vente til et andet tidspunkt, så hun får lov til at nyde oplevelsen, maden og magien.

Jeg er vokset op på en Kro på landet og har efterfølgende haft størstedelen af min karriere i hotel, restaurations- og fødevarebranchen. Jeg så derfor så meget erfaring og viden som jeg gerne vil dele med andre.

Jeg ser en branche, som ofte kæmper for overlevelse. Det er alt fra professionelle og dygtige ildsjæle, erfarne restauratører samt nye gode folk til branchen, som drømmer om at få succes med deres forretning, men som opdager at deres faglighed eller drivkraft og motivation ikke rækker i en branche som både er benhård, hurtigt skiftende og lunefuld.

Derfor besluttede jeg mig for at skrive denne bog hvor jeg deler ud af min viden, mine erfaringer og mine kompetencer, så du og andre kan drage fordel heraf. Jeg motiveres af din succes og alle de gode folk i branchen som jeg allerede har hjulpet, føler jeg mig personlig knyttet til, og det er med denne følelse jeg ikke har holdt igen med at dele modeller og viden med dig.

Jeg ved at hvis du begynder at bruge nogle af de ideer og værktøjer fra bogen, og samtidig reflekterer over læringerne i forhold til din egen forretning, så vil du hurtigt få succes med din Restaurant eller hvad du iøvrigt måtte drive.

Ud over at jeg får min inspiration fra de folk, som jeg har været så heldig at få lov til at arbejde sammen med i branchen, så kommer min inspiration fra min familie, min Kone og mine børn.

Min mor og far som viste mig og mine søskende hvordan man driver en Kro med urtehave, dyrehold og mad, lavet på den gode gammelgags måde, og fra bunden af, til at se glæden over, at være en god vært, oversteg alle de hårde lange seje timer med ømme fødder og stiv nakke. Og hvordan vi sammen fik det hele til at gå op i en højere enhed.

Det var denne inspiration der gav mig styrken til at fortsætte i branchen og kravle helt til tops.

Læs denne bog, som du ville læse og studere en opskrift, og krydr så efter smag med din egen erfaring.

"Jeg er dybt taknemmelig for at denne bog er endt i dine hænder og jeg håber inderligt at den vil hjælpe dine evner og give dig muligheden for at udfolde dig til dit absolut bedste"
Med stor respekt og ydmyghed!

Bent Andreasen

OM FORFATTEREN

FRA EN LILLE Ø TIL SMAGFULDE EVENTYR:

Lad os tilberede en succes sammen!

Jeg hedder Bent Andreasen, og jeg er personen bag denne bog og driver konsulentvirksomheden BA Nordic Consulting hvor jeg hjælper Hotel og restaurant ejere og ledere med at vokse, både professionelt og personligt, med henblik på at skabe en bedre profit i deres forretning.

Lad mig tage dig med på en tur ned ad memory lane, hvor det hele begyndte - Fyn, den hyggelige danske Ø, hvor jeg tilbragte store dele af min barndom i hjertet af gæstfrihed med "flae" a'er.

At vokse op på en kro lærte mig mere end blot indsigten i alle de drifts- og arbejdsopgaver der ligger bag ved en succes: Det gav mig en kærlighed til mad og mennesker, der stadig driver mig i dag.

Efter at have fået min kokkeuddannelse, var jeg ivrig efter at sprede mine vinger og udforske verdens kulinariske vidundere.

Som 21-årig, bevæbnet med drømme så store som min appetit, tog jeg afsted til Tyskland i en trofast gammel Ford Fiesta 1.1 fra 1985, som jeg havde lejet på den lokale UNO-X tankstation. Det var ikke bare en almindelig Road trip - jeg var på en mission for at blive en del af den gastronomiske verdenselite, Verdens bedste hotel med en tre Michelin-stjernet restaurant. Og gæt hvad? De sagde ja!

Jeg vil aldrig glemme telefonopkaldet, der ændrede alt. Tårer af glæde flød frit den dag, og markerede starten på en fantastisk rejse. Fra job som Commis de Cuisine (Ungkok) til banket tjener, sugede jeg hver lektion op som en svamp og lærte fra de bedste i branchen.

Gennem køkkener i Frankrig, Spanien, Monaco, Schweiz og Sydamerika har jeg arbejdet i Michelin-stjernede paladser og hyggelige lokale spisesteder. Men min mission handlede aldrig om stjerner, det handlede om at suge verdens smage og kulturer til mig, og jeg elskede rejsen!

Bevæbnet med en masse uddannelser indenfor ledelse- organisation, samt en masse praktisk erfaring krydret med diverse grader og certificeringer i massevis, er jeg her for at hjælpe dig med at gøre dine restaurantdrømme til virkelighed.

DÆK BORDET TIL OPTIMAL PROFIT I DIN RESTAURANT

I dette kapitel vil jeg lægge dug på bordet, placere bestikket helt rigtigt, og sikre, at alt er perfekt justeret til din restaurants profitabilitetsfest. Så tag plads, og lad os komme i gang!

Forestil dig din restaurant som har en hyggelig, indbydende spisestue. Atmosfæren, dekorationen og stemningen - det hele sætter scenen for den dejlige oplevelse, du ønsker at tilbyde dine gæster.

Og her er den hemmelige sauce: at dække bordet til profitabilitet handler om mere end blot æstetikken. Det handler om at skabe et miljø, hvor alle aspekter af din drift er gearet til at maksimere indtægterne og minimere omkostningerne, alt imens du glæder dine kunder.

Først og fremmest, lad os tale om dit restaurantkoncept. Uanset om du serverer lækre italienske retter, sprøde Tex-Mex-delikatesser eller gourmet-veganske retter, sætter dit koncept tonen for alt andet. Det er som temaet for din middagsfest - konsekvent, sammenhængende og indbydende. Sørg for, at dit koncept taler til din målgruppe og adskiller dig fra konkurrenternes. Det handler om at finde en god balance i dit koncept og fokusere på din målgruppe, når du træffer beslutninger.

Næste punkt handler om beliggenhed, beliggenhed, beliggenhed. Din restaurants beliggenhed kan være afgørende for, om den overlever. Ligger du i et travlt byområde, der tiltrækker kontorarbejderne til frokost? Er du gemt væk i et hyggeligt kvarter, hvor de lokale strømmer til for at spise middag med venner og familie? Uanset din beliggenhed, så sørg for at den stemmer overens med dit koncept og kommer din målgruppe i møde.

Måske har du hørt om Restaurant Koks på Færøerne. En Michelin-stjerne restaurant, der lå så langt ude i ingenmandsland, at man ikke kunne nå den med bil. Kunderne er turister, der besøger stedet for at opleve den uspolerede natur og de fantastiske lokale madvarer. Der er ingen veje til restauranten, man når restauranten med båd og overnatter i en lille luksushytte i den rå natur. Normalt ville dette koncept være meget risikabelt, men på grund af deres fokus på målgruppen, som er velhavende verdensturister, har de faktisk haft enorm succes. I 2023 besluttede de at flytte deres restaurantkoncept til Grønland i to sæsoner. For at kunne gøre det, skal man have en stærk tro på sit koncept og et konstant fokus på sin målgruppe.

Og lad os så se på din menu. Ah, pièce de résistance! Din menu skal være en omhyggeligt designet samling af retter, der ikke kun viser din kulinariske dygtighed, men den skal også appellere til dine kunders smagsløg og tegnebøger. Overvej at tilbyde en blanding af høj-profit margin varer og crowd-pleasers, der sikrer, at gæsterne bliver ved med at komme tilbage. Og glem ikke sæsonbetonede specialiteter og tidsbegrænsede tilbud for at holde tingene friske og spændende.

Selvfølgelig kan ingen succesfuld restaurant trives uden et fantastisk team bag kulisserne. Dit personale er de usete helte, der bringer din vision til live, så det er afgørende at investere i træning, motivation og støtte. Glade medarbejdere skaber glade kunder, og glade kunder er mere tilbøjelige til at blive tilbagevendende kunder - en win-win for din bundlinje!

Sidst men bestemt ikke mindst, så lad os se på atmosfæren. Fra belysningen over musikken til den overordnede stemning, hver detalje bidrager til spiseoplevelsen. Uanset om du går efter hyggelig og intim eller livlig og energisk restaurant, skal du sikre, at din atmosfære stemmer overens med dit koncept og forbedrer den overordnede spiseoplevelse.

Restaurant Joe N' the Juice har et koncept, hvor de spiller meget høj musik. Det var faktisk ved en tilfældighed, at de indså, at volumenknappen på stereoanlægget havde en stor indflydelse på, hvor meget de solgte. Nu er det blevet en del af deres koncept; at skrue op for volumen skruer op for indtægterne. Konceptet har medført at de har opnået international succes, og du finder dem i mange storbyer og lufthavne over hele verden.

Med andre ord - at dække bordet til profitabilitet handler om at skabe en indbydende, sammenhængende oplevelse, der glæder dine kunder, maksimerer indtægterne og minimerer omkostningerne. Med det rigtige koncept, beliggenhed, menu, team og atmosfære, vil du være godt på vej til at få en succes serveret på et sølvfad! Hvis du kan forestille dig det, kan du skabe det! Skål for din restaurants fremtidige succes!

Kapitel reflektion	Noter / handling

OPLEVELSESØKONOMI I RESTAURATIONSBRANCHEN

Introduktion til Oplevelsesøkonomi

Forestil dig, at du går ind på en restaurant, fordi du og din familie er sultne, men i stedet for blot at få et måltid der tilfredsstiller sulten, træder du ind i en helhedsoplevelse, der engagerer dine sanser, følelser og din fantasi.

Det er essensen af oplevelsesøkonomi!

I dag handler det ikke længere kun om at servere god mad, det handler om at skabe minder, fortælle historier og tilbyde noget, som gæsterne ikke kan finde andre steder. Oplevelsesøkonomi handler om at løfte en simpel opgave, som fx. at spise et måltid eller overnatning på et hotel, til en mindeværdig oplevelse, der får gæsterne til at komme tilbage, igen og igen.

Tænk over måden gæsten bliver modtaget på, vær villig til at give alle gæster en ekstraordinær oplevelse, "se" gæstens behov - også de behov gæsten ikke selv vidste, han eller hun havde. Med andre ord: det handler om at være foran gæstens forventninger.

Det kan også være stemningen i restauranten, udsmykning og design, kunst og ikke mindst musikken og sågar underholdning.

Totaloplevelsen hvor gæsten oplever et let, smidigt og behageligt besøg, og hvor betjeningen er opmærksom, viser faglighed og giver personlig betjening, samtidig med at maden kommer på rette tid med rette omhu, giver gæsten en skøn oplevelse og vedkommende vil hurtigt blive en loyal kunde.

Når jeg skal ud at spise med min familie, som inkluderer børn, så tager vi oftest hen på den samme restaurant. Velvidende at der er mange restauranter, hvor vi kan få en dejlig oplevelse. Men der er en særlig grund til, at vi konstant vender tilbage til denne Italienske restaurant i København, hvor børn får en helt unik velkomst, bliver set og får præcis den samme opmærksomhed som de voksne - og måske lidt til. Der serveres desuden mad, der passer til alles behov, - og på trods af at maden ikke er på et særskilt ekstraordinært niveau, så er alle, store som små, glade og tilfredse. Når vi går derfra, tænker vi ikke over hvorfor, det er helt naturligt at vælge samme restaurant næste gang vi skal ud med børn. Hvorfor? jo fordi vi har haft en god og behagelig oplevelse som familie, og fordi det er let og afslappet at være på restauranten sammen. Atmosfæren føles autentisk og man får en følelse af at være værdsat.

I restaurationsbranchen er oplevelsesøkonomi blevet et afgørende konkurrenceparameter. Kunderne ønsker mere end bare god mad og god service; de ønsker en oplevelse, der engagerer dem på et dybere niveau.

Lad os dykke ned i, hvordan konceptet udfolder sig i praksis.

Definition af oplevelsesøkonomi

Oplevelsesøkonomi i hotel- og restaurationsbranchen refererer til en forretningsmodel, hvor værdiskabelse ikke alene er baseret på levering af varer og tjenesteydelser, men på iscenesættelsen af engagerende og mindeværdige oplevelser for gæsterne. Fokus er flyttet fra blot at tilfredsstille basale behov til at skabe en differentieret, følelsesmæssigt forankret oplevelse, der appellerer til gæsternes sanser, følelser og personlige præferencer. Gennem brugen af atmosfære, interaktivitet, personalisering og storytelling skabes en unik værdi, der fremmer kundeloyalitet og differentierer virksomheden på markedet. Dette skifte i værdiopfattelsen betyder, at succes ikke længere blot måles i produktivitet og effektivitet, men også i gæstens oplevelse af autenticitet, emotionel involvering og helhedsindtryk.

Teoretisk Fundament: Pine og Gilmores Oplevelsesøkonomi

Uden at det skal blive for teoretisk, så vil en reference være på sin plads. Konceptet oplevelsesøkonomi blev første gang præsenteret af B. Joseph Pine II og James H. Gilmore i deres bog *"The Experience Economy"*. De havde gennem studier fundet frem til, at vi lever i en økonomi, hvor oplevelser er blevet det nye konkurrenceparameter.

De har lavet en model, som beskriver fire dimensioner af oplevelser: *underholdning, læring, æstetik og eskapisme.*

I restaurationsbranchen kan disse dimensioner være med til at skabe en oplevelse, og dermed være med- årsagen til hvorfor folk går ud og spiser. Det er et ekstra aspekt, som går ud over det blot at spise på en restaurant, og er dermed en hovedfaktor for at skabe en langsigtet bæredygtig forretning.

Nedenfor er de 4 områder beskrevet, som ud over mad og servicen, ifølge Pine og Gilmore, motiverer folk til at gå på restaurant:

1. **Underholdning**: En restaurant kan tilbyde mange typer underholdning, men typisk ser man live musik, stand-up comedy eller temaaftener, hvor gæsterne ikke kun kommer for at spise, men også for at underholdes.

2. **Læring**: Madlavningskurser, vinsmagninger eller interaktive måltider, hvor kokken fortæller om ingredienserne, kan give gæsterne en følelse af at lære noget nyt.

3. **Æstetik**: Restaurantens indretning, atmosfære og visuelle udtryk spiller en stor rolle for at skabe en oplevelse, der engagerer sanserne. Tænk på restauranter med smukke designs og udsmykninger,

kunstnerisk madpræsentation eller fx en særlig stemning.

4. **Eskapisme**: Her tilbydes gæsterne en mulighed for at træde ud af deres hverdag og ind i en anden verden. Det kan fx. være en temarestaurant, hvor man for en aften føler sig som en del af et eventyr eller en bestemt tidsperiode.

Praktisk anvendelse: Hvordan skaber man oplevelser?

Nu hvor du har læst om de teoretiske grundlag, lad os se på, hvordan du som restauratør og leder kan anvende principperne i praksis.

1. Temaaftener og Events

En af de mest effektive måder at implementere oplevelsesøkonomi på er gennem temaaftener og events. Det kan være alt fra en fransk aften med levende lys og Edith Piaf i baggrunden til en japansk sushi-aften, hvor gæsterne sidder på tatami-måtter og får serveret maden af en kimonoklædt tjener.

Der er flere restauranter, blandt andet i New York og Berlin, der hedder "Dinner in the Dark", som serverer mad i fuldstændig mørke. Dette skaber en helt unik oplevelse, hvor sanserne skærpes, og maden smager anderledes, fordi synet er taget ud af ligningen.

På den danske Restaurant Alkymisten får man en teatralsk oplevelse, hvor alt går op i en højere enhed med mad, drikke, stemning, underholdning og musik. Sanserne skærpes, og man er totalt til stede i momentet som både er grænseoverskridende og stimulerende på samme måde som Dinner in the Dark.

2. Personalisering og Interaktion

En anden måde at skabe en mindeværdig oplevelse på er ved at personalisere og involvere gæsterne. Forestil dig en restaurant, hvor gæsterne kan designe deres egne retter i samarbejde med kokken, eller hvor de får mulighed for at plukke deres egne krydderurter fra en indendørs have. Eller hvorfor ikke invitere gæsterne udenfor i den mørke aften med et tæppe over skuldrene og lade dem være med til at kreere deres egen dessert over bål, som man fx gør på den danskejet Michelin Restaurant Knystaforsen i Sverige? Det skaber ikke kun en unik oplevelse, men også en personlig tilknytning til måltidet.

I Østen er det normalt at man får mulighed for selv at vælge sin fisk eller andre råvarer. Det er en yndet måde at gå ud på og desuden at sikre maden er friskfanget og friskt tilberedt. I Danmark har vi flere restauranter, hvor maden tilberedes foran gæsten på bordet af en dygtig kok. Det er ikke blot et imponerende show, men også en oplevelse som skaber interaktion og mindeværdige oplevelser.

3.   **Atmosfære og Design**

Atmosfæren spiller en stor rolle i oplevelsen. Indretning, musik, belysning og endda duft, bidrager til at skabe en bestemt stemning. Nogle restauranter har valgt at fokusere på en bestemt æstetik, som fx en minimalistisk japansk tehus- inspireret indretning, eller en rustik, landlig stil, der minder om en hyggelig gård på landet. Det giver gæsterne en følelse af at træde ind i en anden verden, hvor de kan slappe af og nyde en pause fra hverdagen. Vi kender følelsen fra vores stamcafé, værtshus eller kaffebar, hvor vi føler os tilpas i den hjemlige atmosfære. Eller gårdhaven, som får os til at føle os som en del af en oase. Atmosfæren findes i alle restauranter, spørgsmålet er om den er kommet tilfældigt eller intentionelt.

Oplevelsesøkonomiens Effekt på Bundlinjen

Men hvordan påvirker alt dette egentlig økonomien? At skabe oplevelser kræver investeringer i både tid og penge, men når det gøres rigtigt og intentionelt, har det en markant positiv effekt på bundlinjen. Det er en langsigtet strategisk tankegang med intentionen om at få gæster til at komme tilbage som loyale kunder for dermed at skabe mere omsætning.

Studier viser, at oplevelsesbaserede tilbud kan øge kundeloyalitet og tilfredshed. En undersøgelse fra Cornell University fandt på hotelområdet, at gæster, der oplevede unikke og personaliserede oplevelser, var mere tilbøjelige til at give positiv feedback og komme tilbage.

I den tidligere nævnte bog, Experience economy af Pine and Gilmore, forklarer forfatterne netop hvordan det øger kundeloyalitet og dermed indtjening, når man går ud over produkt og service.

En anden undersøgelse fra *Harvard Business Review* fandt, at virksomheder, der leverer over gennemsnittet i kunde-oplevelser, har 4-8 % højere omsætning end deres konkur-renter.

Og i en rapport fra Deloitte påviser de, at en bedre kunde-oplevelse typisk giver kunder, der bruger mere og vender tilbage hyppigere, hvilket direkte påvirker bundlinjen.

McKinsey har ligeledes i en analyser set på hvordan restau-ranter og hoteller, der fokuserer på helhedsoplevelser, kan skabe premium-priser og stærkere brandloyalitet, hvilket de også konkluderer, fører til øgede indtægter og forbedret bundlinje.

Øget Kundeloyalitet

Der er stærkt belæg for at en stærk oplevelse kan føre til øget kundeloyalitet. Gæster, der har haft en positiv og min-deværdig oplevelse, er mere tilbøjelige til at vende tilbage og anbefale restauranten til andre. Mund-til-mund mar-kedsføring er stadigvæk en af de mest effektive og omkost-ningseffektive måder at tiltrække nye kunder på.

Højere Priser og Profitmarginer

Når en restaurant tilbyder unikke oplevelse, kan den ofte tillade sig at tage højere priser alt efter beliggenhed. Gæster er dog generelt villige til at betale mere for en oplevelse, der går ud over det sædvanlige, som det ovennævnte McKinsey studie også påpeger. Det kan føre til højere avancer og dermed en mere robust økonomi.

Differentiering i et Konkurrencepræget Marked

I en branche med høj konkurrence er differentiering afgørende. En restaurant, der kan tilbyde noget unikt og mindeværdigt, skiller sig ud fra mængden og kan dermed tiltrække en mere loyal kundebase. Det gør det lettere at opnå succes i et marked, hvor mange restauranter kæmper om de samme kunder.

Praktiske Eksempler fra Restaurationsbranchen

Lad os se på nogle konkrete eksempler, der har haft succes med oplevelsesøkonomi:

Noma (København, Danmark)

Noma er kendt for sin nordiske og innovative tilgang til madlavning, men de er også mestre i oplevelsesøkonomi. Restauranten tilbyder ikke blot mad, men en fortælling om nordisk natur og gastronomi. Hvert måltid er en rejse gennem sæsonens råvarer, men også en rejse i minder, oplevelser og barndom, serveret i en atmosfære, der er både enkel og fortryllende.

The Rock Restaurant (Zanzibar, Tanzania)

The Rock Restaurant er placeret på en klippe midt i havet, hvilket i sig selv er en oplevelse. Gæsterne kan kun komme dertil ved lavvande eller med båd, og restauranten tilbyder en enkel, men eksklusiv oplevelse, hvor beliggenheden er lige så meget en del af måltidet som maden selv.

The Safehouse (Milwaukee, USA)

The Safehouse er en spion-tema restaurant, hvor gæsterne træder ind i en verden med hemmelige agenter. Inden man får adgang, skal man kende en adgangskode eller gennemgå en "spion-test". Det skaber en sjov og interaktiv oplevelse, der ligger udover det sædvanlige restaurantbesøg.

Konklusion: Oplevelsesøkonomi som Fremtidens Vækststrategi

Oplevelsesøkonomi er ikke blot en trend, men en grundlæggende ændring i, hvordan vi forstår og skaber værdi i restaurationsbranchen. Ved at fokusere på at skabe unikke og mindeværdige oplevelser kan restauranter ikke blot tiltrække flere kunder, men også øge deres økonomiske bæredygtighed.

Når du som restauratør overvejer, hvordan du kan implementere oplevelsesøkonomi i din egen virksomhed, så husk på at det vigtigste er at være autentisk og forstå dine gæsters behov og ønsker. En god oplevelse er ikke nødvendigvis den dyreste eller mest komplekse, det handler om at skabe noget, der løser dine gæsters behov, og som giver dem lyst til at komme tilbage. Det gælder alle typer restauranter og koncepter.

I oplevelsesøkonomi handler det ikke kun om at fylde maverne, men mest om at fylde hjerterne og hjernen med følelser.

Kapitel reflektion	Noter / handling

DIN ATTITUDE, DIT MINDSET OG DINE MÅL

"By failing to prepare, you are preparing to fail." Benjamin Franklin

Måske undrer du dig over, hvorfor jeg vil tale om din attitude og dit mindset og ikke mindst kunsten at sætte mål. Lad mig forklare: det har nemlig alt at gøre med din succes.

De fleste er villige til at lære de konkrete færdigheder, der kræves for at øge profitten. Men få handler på denne viden og få etablerer de vaner og værktøjer, der er nødvendige for at opnå resultaterne. Min mission er at sikre, at alle får succes med at implementere viden, vaner og værktøjer i deres forretning.

Vigtigheden af at have den korrekte attitude og et positivt mindset

Har du nogensinde tænkt over, hvor stor indflydelse din attitude og dit mindset har på din hverdag? Måske, måske ikke. Men tro mig, det er altafgørende, især når du står overfor store forandringer i din forretning og dit liv.

Jeg har arbejdet i restaurationsbranchen i mange år. Vi morede os altid over at vi arbejdede, når andre havde fri, og at vi aldrig kunne deltage i familiefester og højtider. Men bagved lå en følelse af, at det var hårdt og uretfærdigt. Hvorfor skulle vi ikke kunne nyde familielivet som alle andre?

I dag ser jeg helt anderledes på det. Jeg var nemlig en del af noget større. Mine kolleger og jeg havde det sjovt sammen, og vi var en slags familie. Det drev os fremad. Vi arbejdede hårdt mod fælles mål og fejrede succeser sammen hver aften, når vi var færdige.

Skab et positivt fællesskab

Følelsen af fællesskab og målrettethed er unik for restaurationsbranchen. Det er noget, folk beundrer. Men hvad er det, vi skaber, og hvorfor netop i denne branche? For at forstå det, måtte jeg træde lidt væk fra branchen og reflektere over mine oplevelser.

Vi skabte en positiv attitude. En attitude, der opstod i en gruppe af mennesker med samme mål og vilje til at nå dem. Vi var hinandens mentorer og coaches, og vi sørgede for et højt niveau dagligt. Vi stillede ikke spørgsmålstegn ved, om det var godt eller sundt, vi gjorde det bare og havde det sjovt samtidig.

William James og kraften af attitude

Den berømte Harvard-professor, psykolog og filosof William James, sagde, at en af de største opdagelser i hans generation var, at mennesker kan ændre deres liv ved at ændre deres attitude. Den rigtige opskrift på succes er 95% mindset og 5% strategi. Og jeg er enig.

Jeg bruger stadig de mindset skills, jeg lærte i restaurationsbranchen. Når livet er surt, eller når jeg mangler motivation, tænker jeg på de gange, hvor jeg stod og klargjorde til næste dags selskaber efter en lang arbejdsdag. I dag giver det mig styrken til at gøre det nødvendige, især når det føles surt, eller når jeg er træt.

Gør Mindset Fokus til en Vane

Dit mindset er afgørende for at nå dine mål. Den nye viden, du får i denne bog, skal kombineres med den rette attitude. Du skal skabe faste vaner for at holde dig på sporet og opnå de resultater, du drømmer om.

Der hvor du har din fokus og opmærksomhed, er det som manifesterer sig i dit liv. Eller sagt på en anden måde: Havren gror hvor solen skinner. Så for at nå dine drømme og dine mål, skal du have din opmærksomhed på dine mål dagligt.

Bryd gamle Mønstre

Vi har en tendens til at gentage de samme mønstre og vaner. For at ændre dem skal du tænke over dine tankemønstre og deres effekt på dine handlinger. Identificer eventuel den modstand, du har, og arbejd med den.

Start med at ændre din tilgang til opgaver. En negativ grundindstilling øger chancerne for at fejle. Vend det rundt og tænk positivt. Fokuser på de gode ting, der kommer ud af at gøre arbejdet.

Motiverende Mål

Find noget, der virkelig motiverer dig. Det kan være en årlig tur til Bali eller drømme om udvidelser. Brug det som din ledestjerne. Genskab dig selv og fokuser på at arbejde med dig selv og dine modstande for at få den rette attitude og det rette mindset.

Næste afsnit handler om at sætte mål, og hvilke mål du bør sætte for at være motiveret til at nå dem.

Vigtigheden af at sætte mål og sikre at du får succes med dem

Jeg tror, vi alle har været der: Vi har haft en masse ting, vi gerne ville opnå, men af en eller anden grund blev det aldrig til noget. Men de gange, jeg personligt har fået succes, har det altid været, når jeg har sat konkrete mål - Ikke vage drømme, men klare, målbare mål. Kan du genkende det? Det er jeg sikker på, du kan, og det hænger igen sammen med attitude, mindset, motivation og drivkraft.

Sætter du mål i din forretning?

Lad os starte med en definition af, hvad jeg mener, når jeg taler om at sætte mål: Når vi sætter et mål, skal det være et STORT mål. Vi taler ikke om små delmål her; de kommer af sig selv, når vi nedbryder det store mål.

Måske skal du tage et øjeblik og tænke over, om du har et stort mål, du stræber efter.

Typer af Mål: A, B og C Mål

Der findes forskellige typer af mål: A, B og C mål:

A mål er dem, du ved, du kan opnå. De kræver ikke meget for at nå dem, og der er ingen stor motivation i dem. Det kunne være at du gerne vil købe nye tallerkener til restauranten indenfor de næste 6 måneder.

B mål kræver lidt mere indsats. For at nå disse mål kræver det, at du virkelig strækker dig, så de er inden for en realistisk rækkevidde. Det er mål, som kræver en plan for, at du kan nå dem. Det kunne være at finansiere et nyt stort moderne køkken.

C mål er de store drømmemål. Det er mål, hvor du ingen anelse har om, hvordan du skal nå dem, men det er mål, som motiverer dig. Det er dem, du virkelig skal fokusere på, fordi de vil aktivere en dyb indre drivkraft. Sådanne mål kunne være et mål, hvor du fx. vil lave din restaurant om til et kædekoncept og drive 5 restauranter i Danmark inden for et år.

For de fleste er det et meget urealistisk mål, men hvis du virkelig drømmer om det, så er det præcis sådan et type mål, du skal bruge.

Lad mig uddybe!

Drøm Stort!

Når du sætter C mål, skal du ikke være rationel. Tænk på, hvad du virkelig drømmer om, både i dit private liv og i din forretning. Visualiser hvordan det vil se ud, og hvordan det vil påvirke dig, hvis det blev til en realitet. Det kan føles skræmmende og urealistisk i starten, men bare vent – det vil begynde at forme sig i dit hoved som en reel mulighed.

Handling Først

Lad være med at bekymre dig om, hvordan du skal nå målet lige nu. Hold fokus på din drøm og mål dagligt. Det store mål bliver din motiverende ledestjerne, som skal hjælpe dig med at implementere alt, hvad du lærer i denne bog.

Er du klar til at gøre det nødvendige? Hvis du tror, du kan plukke lidt viden her og der for at se, hvad du kan bruge, så bliver det nok op ad bakke. Men hvis du er villig til at betale prisen og forelsker dig i dine mål og visioner, så er du på rette vej.

Prioritering og Handling

Sørg for at have dygtige folk omkring dig, som du kan uddelegere opgaver til, og som kan hjælpe dig med at uddelegere opgaver, for du skal have frigivet tid til at fokusere på dine projekter og mål. Hvis du fortsætter med at gøre det samme som i går, får du de samme resultater i dag. Du bliver også nødt til at overveje, om der er ting du bruger tid på hjemme, som kan håndteres af andre, det kan være alt fra rengøring, indkøb, madlavning, etc. Det vigtige er, at du begynder at tænke i at frigive tid til det, du vil have fokus på fra nu af. Det er den eneste måde hvorpå, du vil kunne nå i mål.

Aftenrutine: Planlægning

Hver aften laver du en liste med 6 målopfyldende punkter til næste dag. Det er opgavemål, jeg taler om, altså helt lav-praktiske mål.

Skriv det vigtigste punkt først og fokuser kun på én opgave ad gangen, når du går i gang næste dag. Hvis du ikke når det hele, rykker du de resterende punkter til næste dags liste om aftenen.

Opgavemålene skal være mål der rykker dig tættere på dit store mål. Hvis du gør det hver dag og blot rykker med 1% dagligt, så har du rykket dig 30% efter en måned i forhold til der, hvor du begyndte. Forestil dig derefter, hvor du vil være om et år, hvis du holder fast og er vedholdende.

GANT Beslutningsskema

Oftest bliver man dagligt overvældet af opgaver, der skal prioriteres her og nu. Og oftest kan man sidde fast i at "brandslukke" og løse ad hoc-opgaver dagligt. Det kan være svært at komme ud af denne negative arbejdsspiral. Derfor kan jeg anbefale dig at bruge et GANT beslutnings-skema. Benyt en simpel model til at prioritere dine opgaver med.

Del opgaverne ind efter udbytte og tid som du ser nedenfor i modellen.

Opgaver med højt udbytte, som er hurtigt at færdiggøre skal prioriteres højest. Denne metode gør dig enormt effektiv og hjælper dig med at nå dit drømmemål.

BESLUTNINGSMODEL

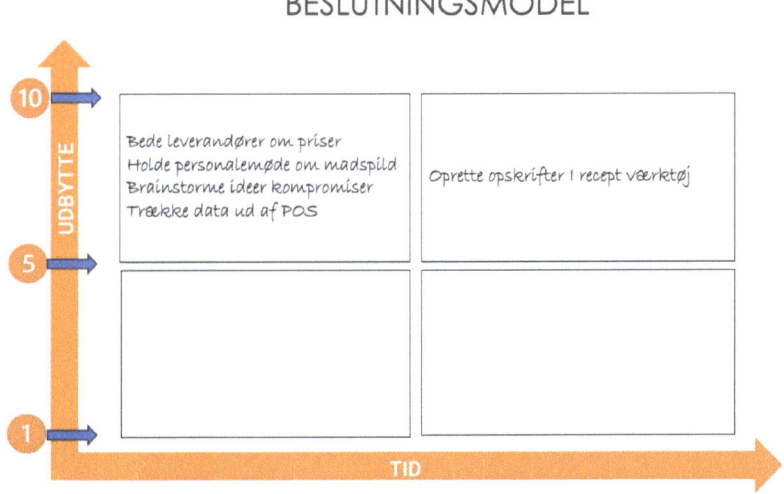

Konklusion: Mål Sætning

Det er vigtigt at sætte store, drømmeagtige mål og bryde dem ned i mindre delmål. Arbejd med dem dagligt, prioriter dine opgaver, og hold fokus på dit C mål, din ledestjerne. Gør det, og du vil se store fremskridt i din forretning og dit liv.

Klar til at tage næste skridt mod succes? Lad os fortsætte!

Kapitel reflektion	Noter / handling

BYGGESTENENE TIL EN RENTABEL MENU

"Den mest værdifulde ingrediens i enhver op-skrift er en velforvaltet økonomi."

At kreere en velstruktureret menu er ikke altid let da der er mange forhold at tage højde for og eftersom restauranter er forskellige med deres helt egen unikke egenskab, er der ikke en "one size fits all" model til at bygge en menu.

Men her er de vigtigste byggesten du bør overvejelse, når du skaber din menu:

Signaturretter:

Mange restauranter har deres signaturretter, og hvis du ikke har det, så overvej at få det! Det er de kulinariske perler, der får gæsterne til at komme tilbage igen og igen. Uanset om det er en lækker burger, en velsmagende pastaret eller en delikat dessert, fungerer disse publikumsfavoritter som hjørnestenene i din menu, og de bør fremhæves for at drive salg og opbygge brandloyalitet.

Profit ledere - Stjerner:

Identificer høj-margin emner der giver en høj avance uden at gå på kompromis med hverken kvalitet eller smag. Disse profitdrivkræfter kan inkludere retter med lave ingrediensomkostninger, minimal forberedelsestid men med en høj opfattet værdi hos kunden. Ved strategisk at placere disse retter på din menu kan du øge profitabiliteten og kompensere for udgifter forbundet med højere-avance tilbud.

Sæsonbetonede specialiteter:

Omfavn de skiftende årstider ved at inkorporere sæsonbetonede ingredienser og smage i dine menufornyelser. Fra friske sommersalater, asparges og jordbær til robuste vintergryderetter. Sæsonbetonede specialiteter viser ikke kun det bedste af de lokale produkter, men skaber også en følelse af spænding og nyhed for dine gæster. Derudover giver sæsonbetonede tilbud dig mulighed for at kapitalisere på ingredienstilgængelighed og prisoverkommelighed, hvilket maksimerer fortjenesten i løbet af året.

Alsidige vegetariske og veganske muligheder:

Med de plantebaserede trends, der skyder op som mælkebøtter i foråret, er det blevet ret essentielt at have et lækkert udvalg af vegetariske og veganske muligheder på menuen.

Det handler om at ramme de forskellige smagsløg og livs-stilsvalg, uanset om dine gæster lever som hardcore herbi-vorer eller som fleksible all-round omnivorer. Ved at til-byde innovative plantebaserede retter viser du ikke bare, at du er med på beatet – du åbner også dørene for en bre-dere kundeskare. Og her er måske det bedste trick: du be-høver ikke nødvendigvis reklamere med, at retterne er ve-ganske eller vegetariske. Lad dem blot stå på menuen med deres navn og beskrivelse, så både kødelskere og plante-fans kan lade sig friste uden nogen form for "mærkater".

Opgraderede tilføjelser og ekstra valg:

Forhøj spiseoplevelsen og øg salg pr. kunde ved at tilbyde opgraderede tilføjelser og ekstra valg. Uanset om det er Premium toppings, specialsaucer eller dekadente tilvalgs retter, frister disse lukrative forbedringer gæsterne til at forkæle sig selv, hvilket driver en trinbetonet omsætning og øger den samlede fortjeneste.

Family style måltider og deling af tallerkener:

Kapitaliser på den voksende trend, der handler om fælles-spisning ved at introducere Family style måltider og deling af tallerkener på din menu. Disse generøse portioner op-muntrer til social interaktion, fremmer en følelse af samhø-righed og præsenterer muligheder for mersalg og tilbud, der går på tværs af dit menukort. Ved at appellere til gruppebespisninger kan du øge den gennemsnitlige transaktionsstørrelser og maksimere omsætningspotentialet.

Strategisk menuplanlægning

Nu hvor vi har lagt grundlaget for din menuplan, så lad os udforske nogle menuplanlægningsstrategier til at optimere fortjenesten og øge salget:

Strategisk Prissætning:

Brug psykologiske prissætnings teknikker, såsom charmeprissætning (99 kr. i stedet for 100 kr.) eller trinvise prissætningsstrukturer for at skubbe gæsterne mod høj avance emner og maksimere indtjeningspotentialet. Det gør man ved at tilbyde en menu med en relativ billig ret, en mellemdyr ret (den du har størst avance på) og en forholdsvis dyr ret. Her vil gæsten oftest vælge den midterste ret, og da det er den ret med den højeste avance, så er det jo præcis det, du vil have dem til at gøre.

Menu Layout og Design:

Design dit menulayout med omtanke for at fremhæve højprofit emner, skabe visuelt hierarki og guide gæsternes opmærksomhed mod udvalgte specialiteter og sæson- betonede tilbud. Brug evt. den gyldne trekant som værktøj. Det betyder, at de retter som sættes i midten af menukortet samt i øverste højre og venstre hjørne har tendenser til at sælge mest, og hvis du fremhæver dem med fx farven rød, så vil det påvirke gæsten til at vælge den.

Menu Beskrivelser og Billedmateriale:

Skab overbevisende menu beskrivelser, der vækker sanserne, formidler værdi og frister gæsterne til at bestille dem. Inkluder mundvandsfremkaldende billedmateriale eller levende beskrivelser for at vise dine kulinariske kreationer og stimuler appetitten.

Pakketilbud og Combo Tilbud:

Introducer pakker af måltidstilbud, Combo tilbud eller faste menuer for at opmuntre til mersalg, øge ordrestørrelser og strømlining af køkkenoperationer. Ved at pakke komplementære emner sammen skaber du ekstra værdi for gæsten, mens du maksimerer fortjenesten i din restaurant.

Konklusion: Opskriften på en Succes Menu

"Planlægning af hver eneste krone er ligeså vigtig som planlægning af menuen."

At skabe en rentabel menu er både en kunst og en viden-skab - en delikat balance mellem kulinarisk kreativitet, strategisk planlægning og forretningssans. Ved at forstå din målgruppe, udnytte menu planlægningens teknikker og kreere et varieret udvalg af retter, kan du designe en menu, der glæder gæsterne, øger salget og hæver bundlin-jen. Så, rul ærmerne op, slip din kulinariske fantasi løs, og skab en menu, der er lige så økonomisk givende, som den er lækker!

I dette kapitel udforskede vi detaljerne ved at skabe en ren-tabel menu sammensætning, der glæder gæsterne og for-bedre profitten betydeligt. Fra at forstå din målgruppe til at implementere menu engineering strategier, spiller hver beslutning du træffer en afgørende rolle. Så, omfavn din indre kok, slip din kreativitet løs, og skab en menu, der er lige så profitabel som den er appetitvækkende!

Kapitel reflektion	Noter / handling

STRØMLINING AF PROFITEFFETIVE OPGAVER.

"Effektiv økonomistyring handler om at optimere ressourcer, ikke nødvendigvis om at skære ned."

VELKOMMEN TIL RESTAURANTENS TRAVLE HJERTE – KØKKENET!

I dette kapitel vil vi udforske den indviklede dans omkring effektivitet, produktivitet og rentabilitet, der finder sted bag kulisserne. Alt fra forberedelsesstationer til anretning spiller en stor rolle i sidste ende eftersom enhver aspekt af køkkenoperationer spiller en afgørende rolle i at maksimere din restaurants bundlinje. Så, tag dit forklæde på, skærp dine knive, og lad os dykke ned i køkkeneffektivitetens verden!

Introduktion til Køkken Effektivitet

Effektivitet og processer er den hemmelige ingrediens, der driver succesen i ethvert restaurantkøkken. Det handler om at arbejde smartere, ikke hårdere, for at minimere spild, maksimere produktiviteten og levere enestående

spiseoplevelser til dine gæster. I dette kapitel vil jeg af-
dække strategier og den bedste praksis for at strømline op-
gaver, optimere arbejdsflow og drive køkkenet økonomi-
effektivt.

Optimering af Arbejdsflow: Nøglen til Effektivitet

Effektivt arbejdsflow er rygraden i et velfungerende køk-
ken. Ved at organisere din arbejdsplads, delegere opgaver
effektivt og minimere unødvendige trin, samt tilpasse din
menu strategisk, kan du sikre glatte operationer og pro-
blemfri udførelse under spidsbelastninger. Her er nogle
nøglestrategier for at optimere arbejdsflow:

Køkken Layout og Design:

Start med at evaluere dit køkkenlayout og arbejdsflow for
at identificere eventuelle flaskehalse eller ineffektiviteter.
Overvej faktorer som placeringen af udstyr, organiserin-
gen af arbejdsstationer samt råvarernes og personalets
flow. Ved at optimere dit køkkens fysiske layout kan du
minimere trængsel, reducere ventetider og forbedre den
overordnede effektivitet.

Standardiserede Processer og Procedurer:

Udvikl standardiserede processer og procedurer for ruti-
neopgaver som råvare og opskrift forberedelser, madlav-
ningsteknikker og anretningspræsentationer. Kommuni-
ker klart forventningerne til dit køkkenpersonale og sørg
for træning for at sikre konsistens og effektivitet på tværs
af alle stationer.

Forberedelse og Organisation:

Investér tid i grundig forberedelse og organisation inden
service begynder. Forbered ingredienser, sæt op "mise en
place" (forberedelse / Prep) stationer og organiser udstyr
og redskaber, hvilket ikke kun sparer tid under spidsbe-
lastningstimer, men også reducerer stress og forbedrer ar-
bejdsflow effektiviteten og giver overblik.

Effektiv Kommunikation:

Kommunikation er afgørende for et velfungerende køkken.
Implementer klare kommunikationskanaler, såsom ver-
bale signaler, håndtegn eller digitale kommunikations-
værktøjer, for at lette samarbejde og koordinering blandt
køkkenpersonalet. Det er vigtigt at opmuntre til åben dia-
log og feedback for hurtigt at tackle eventuelle problemer
eller bekymringer. Brug eventuelt morgenmøder/eftermid-
dagsmøder, tavlemøder eller lignende tiltag.

Værktøjer og Teknologi til Effektivitet

I dagens digitale tidsalder spiller teknologi en afgørende rolle i at forbedre køkkenets effektivitet. Fra avanceret udstyr til innovative softwareløsninger. Nedenfor finder du nogle værktøjer og teknologier, der kan strømline operationer og drive effektiviteten i dit køkken. Men værktøjer er dyre, og for den lille eller mellemstore restaurant er det ofte en "nice to have" snarere end en "need to have" investering. Det er op til dig, om du mener, du har brug for den ene eller den anden løsning.

Køkken Management Systemer (KMS):

Invester i et robust køkken management system for at strømline ordrebehandling, overvåge lagerbeholdninger og spore mad-omkostninger i realtid. KMS-platforme automatiserer rutineopgaver, såsom ordre- og lagerbeholdning monitorering, hvilket frigør fx værdifuld tid til dit køkkenpersonale og til at fokusere på kulinarisk kreativitet og gæstetilfredshed.

Tidsbesparende Apparater og Udstyr:

Opgrader til energieffektive apparater og udstyr, der er designet til at maksimere produktiviteten og minimere nedetid. Se efter funktioner som programmerbare indstillinger, hurtig opvarmningskapacitet og lette at rengøre overflader på, for at strømline køkkenarbejdet og reducere arbejdskraft-omkostninger. Et praktisk eksempel kunne være en automatisk bånd-grill til restauranten der laver mange burgere og steaks.

Lagerstyrings Software:

Implementer lagerstyrings software for at spore ingrediensforbrug, overvåge lagerniveauer og identificere omkostningsbesparende muligheder. Disse softwareløsninger tilbyder indsigter i indkøbs-tendenser, leverandørpræstationer og lageromsætningsrater, hvilket gør det muligt for dig at træffe datadrevne beslutninger, der optimerer lagerstyringen og reducerer madspild.

Digitale Opskriftsstyrings Værktøjer:

Brug digitale opskriftsstyrings-værktøjer til at standardisere opskrifter, skalere ingredienser og spore opskriftsomkostninger med præcision. Disse værktøjer giver dig mulighed for at opdatere opskrifter i realtid, samarbejde med køkkenpersonalet og analysere opskriftspræstationer for at identificere områder til forbedring og omkostningsbesparelser. Du kan også gøre dette i et excel-ark med et godt resultat.

Kapitel reflektion	Noter / handling

DYRK EN KULTUR AF EFFEKTIVITET

Effektivitet handler ikke kun om systemer og processer— det handler også om at fremme en kultur af kontinuerlig forbedring og innovation i dit køkken. Her er nogle måder at dyrke en effektiv kultur blandt dit køkkenpersonale:

Træning og Udvikling:

Invester i løbende trænings- og udviklingsprogrammer for at give dit køkkenpersonale de færdigheder og den viden, de har brug for til at udmærke sig i deres roller. Tilbyd muligheder for krydstræning på forskellige poster, færdighedsudvikling og certificeringsprogrammer for at fremme en kultur med kontinuerlig læring og professionel vækst. Sidemandsoplæring er også en effektiv metode til læring og er let at indarbejde i vagtplaner m.m.

Anerkendelse og Belønninger:

Anerkend og beløn medarbejdere og hinanden. Ikke kun når der udvises enestående præstation, men når opgaver er udført som forventet. Det skaber motivation, selvtillid og dine medarbejdere tager mere initiativ- og det skaber dedikation og effektivitet. Uanset om det er gennem verbal ros, præstationsbonusser eller månedens medarbejderpris, motiverer det dit team til at stræbe efter excellence og opretholde høje standarder for effektivitet, når du anerkender og fejrer succes.

Åben Kommunikation og Feedback:

Du kan opmuntre til åben kommunikation og feedback kanaler i dit køkken for at indhente input, ideer og forslag fra dit personale. Skab et støttende miljø, hvor medarbejdere føler sig trygge, så de deler deres tanker og bekymringer, og søg aktivt deres input, når du implementerer ændringer og forbedringer i køkkenet og forretningen.

Konklusion: En Opskrift på Køkkensucces

Effektivitet er den hemmelige ingrediens, der forvandler et godt køkken til et fremragende. Ved at optimere arbejdsflowet, udnytte værktøjer og teknologi og dyrke en kultur af effektivitet, kan du strømline operationerne, minimere spild og maksimere effektiviteten.

Så, rulle ærmerne op, saml dit team, og lad os begive os ud på en rejse mod kulinarisk excellence og effektivitet sammen!

I dette kapitel har vi udforsket de væsentlige principper og praktiske strategier for at strømline køkkenoperationer og drive rentabilitet. Ved at omfavne effektivitet som et ledende princip og implementere de anbefalede praksisser og teknologier, kan du forvandle dit køkken til en velsmurt maskine, der leverer enestående spiseoplevelser og bæredygtig økonomisk succes. Skål for endnu et køkken, der kører som smurt, er effektivt og altid klar til at servere kulinariske lækkerier!

Kapitel reflektion	Noter / handling

OPGRADER DIN KØKKENØKONOMI GENNEM KØKKENPLANLÆGNING

"Små justeringer i omkostningerne kan føre til store forbedringer i bundlinjen."

Velkommen til hjertet i din restaurant! I dette kapitel skal vi udforske nogle kreative måder at forbedre dit køkkens effektivitet og økonomi gennem omhyggelig planlægning og strategiske beslutninger. Så, rulle ærmerne op, bind dit forklæde, og lad os dykke ned i køkkenmagien!

De følgende 10 emner er idéer der skal inspirere dig til at arbejde med at effektiviserer din økonomi, styrke din bundlinje og arbejde smartere.

Nedenfor ser du alle ti områder, som jeg vil gennemgå og forklare mere detaljeret:

1. Find vægten frem:

Sig farvel til gætterier og omfavn præcision ved brug af en pålidelig køkkenvægt. Ved præcist at måle ingredienser sikrer du konsistens i smag, portionsstørrelser og i sidste ende kundetilfredshed. Desuden hjælper præcis portionskontrol med at begrænse madspild og forhindre unødvendige udgifter.

Mange professionelle køkkener bruger ikke opskrifter til deres retter til alt, hvad de laver eller serverer. Det kan virke nemmere at arbejde uden opskrifter i mange restauranter, men det er en stor fejl. Hvis du ikke arbejder med opskrifter og portionsstørrelser, som er ens hver gang en tallerken forlader køkkenet, har du simpelthen ingen kontrol over din økonomi.

Jeg anbefaler derfor at bruge opskrifter og en vægt, hvor det er muligt. At bruge opskrifter har også andre fordele end økonomiske. Retten har samme kvalitet hver gang, du behøver ikke spilde råvarer fra opskrifter, der mislykkes, og det bliver lettere at lave ensartede størrelser, hver gang du serverer en tallerken.

Hvis du ikke ved præcis, hvor meget en ret koster dig i råvarer, og at den faktisk vil koste det samme hver gang, du laver den, så har du ingen idé om eller kontrol over dine udgifter eller fortjeneste. Jeg håber, det giver mening for dig.

Måske bekymrer du dig om ekstra arbejde eller tid brugt på at anrette dine tallerkener, men når du anretter en tallerken, er det nemt at bruge standard målebægre, skeer osv., der hjælper dig med at anrette hurtigt og effektivt uden at skulle bruge en vægt hele tiden. Du behøver blot have dem ved hånden, når du arbejder.

Skriv derfor dine opskrifter ned, hvis du ikke allerede har gjort det, og følg mine forslag. Du kan arbejde hurtigt og nemt med det i et Excel-ark, eller du kan købe et program online, der vil hjælpe dig med at organisere og beregne dine opskrifter. Når du har fastlagt dine portioner, så tal med dine medarbejdere om de økonomiske konsekvenser af at være for generøse med udportionering af retterne for de tænker måske ikke på samme måde som dig, når de ikke står med det daglige økonomiske ansvar.

Det er vigtigt at tale om omkostningerne, så alle forstår vigtigheden af at følge opskrifter og måle alt før anretning. En forklaring kunne være, at hvis du sælger 100 stykker okse-tournedos om dagen og samtidig skærer 10 g for meget hver gang, vil det koste op til 70.000 kr. ekstra om året. Ja, jeg ved, det er tankevækkende, men dette er de hårde fakta, så sørg for, at du er engageret i det her, for det gælder ikke bare dyrt kød, men også alle de andre produkter du serverer.

Vær også ekstra forsigtig, når du modtager leveringer. Kontroller, at alt er leveret i henhold til leveringsnotatet, og gør det til en vane at kontrollere vægten af leveringerne. Hvem vil betale for tre kilo, hvis der kun er modtaget to kilo?

Overvej derefter, hvad der er en rimelig portionsstørrelse. Undersøg de tallerkener, der kommer tilbage, og juster efterfølgende. På denne måde gør du også en indsats for Moder Natur, fordi du reducerer dit madspild. Kontroller tallerkenerne eller portionerne fra tid til anden og sørg for, at dine medarbejdere også inkorporerer det i deres rutiner. Hvis du ofte bemærker en tallerken med madspild, så noter det og juster efterfølgende størrelsen. Der er ingen grund til madspild, hvis du kan ændre det med enkle midler. Og husk, at den indsats vil ende med at skabe en betydelig større fortjeneste for dig.

2. Se efter Genveje eller Kompromiser:

Som nævnt tidligere så er effektivitet hjørnestenen i et velsmurt køkken, så søg efter muligheder for at strømline arbejdsprocesser og minimere arbejdskrævende opgaver uden at gå på kompromis med dine retters integritet. Uanset om det er at bruge færdigskåret grøntsager, færdiglavede saucer eller i tidsbesparende køkkenredskaber, bidrager enhver effektivisering til øget produktivitet og reducerede omkostninger.

Tænk over det! Du går allerede på kompromis i dag, men hvor? Måske er du ikke bevidst om det, men hvis du tænker over det, vil du hurtigt indse hvor. Måske gør du en stor sag ud af at lave maden med friske ingredienser fra bunden, men jeg er sikker på, at selvom det er din køkkenfilosofi, laver du stadig kompromiser. Så det handler om at udvide din forståelse for, hvor det er okay at gå på kompromis og hvor det ikke er.

Du laver sandsynligvis ikke dit eget smør, mælk eller yoghurt, eller fløde i dag? Måske bruger du ketchup, sojasovs eller æblecider, som alle er gode eksempler på kompromiser, vi normalt tager for givet at få adgang til gennem vores leverandører. Hvor ellers går du på kompromis? Spørgsmålet er, hvor du kan gå på kompromis?

Overvej, om fløde er nødvendig? Eller kan du skifte til et billigere alternativ uden at dine gæster bemærker forskellen? Oplev dine kulinariske færdigheder og prøv det af, du kan begynde at eksperimentere med sødmælk, cremefraiche, kokosmælk, eller Mascarpone. Eller hvorfor ikke prøve nogle af de mange plante-baserede alternativer.

Genveje kræver både viden og evnen til at vurdere resultaterne, men prøv at lege med det og leg med smagens intensitet og vurder resultaterne. Du vil blive overrasket over, hvor nemt det er at skære fløden væk.

Hvad med industrielt færdiglavet fond/ bouillon og Demi Glace? Mange restauranter bruger allerede disse alternativer, men mange insisterer på at lave deres egne. Men er det altid det værd? Det kræver tid og kræfter at skabe sin egen bouillon/ fond og saucer. Først skal du bære på tunge kasser med ben og grøntsager, derefter skal du koge dem i timer, før du sigter bouillonen gennem en sigte eller klæde. Derefter skal du hælde det tilbage i en gryde på komfuret og koge det i timer og reducere det for at opnå en god og rund smag og gøre det til det, du ønsker, det skal blive. Derefter skal du tømme skraldespande og håndtere affald. Og hvis du også koger meget fond, kan din affaldsaftale måske være utilstrækkelig, og du bliver derfor nødt til at bruge flere penge på ekstra affaldshåndtering.

Overordnet set kan du spare en masse tid og penge ved at benytte forarbejdede varer eller convenience varer, som det også kaldes.
Hvis man indregner løn og svind, vil det ofte være billigere alternativer.

For overblikkets skyld har jeg nedenfor listet nogle af de vigtigste fordele ved brug af forarbejdet råvarer og convenience varer:

- Mindre madspild
- Nøjagtige kalkulationer
- Frigørelse af ressourcer til andre fordelagtige ting
- Mindsker jord i køkkenet (frugt & grønt)
- Optager mindre plads i kølerummet
- Mindre affald
- Mindsker vareforbrug

3. Arbejd med sæsoner:

Udnyt årstidernes naturlige rytme til din fordel ved at omfavne sæsonens råvarer i dine menutilbud. Ikke alene tilfører denne praksis dine retter friskhed og smag, men det giver dig også mulighed for at udnytte ingredienser, når de er mest tilgængelige og overkommelige, hvilket reducerer de samlede indkøbsomkostninger.

Og misforstå ikke mine intentioner! Jeg er en stor fan af at bruge friske råvarer, men jeg har nok erfaring til at arbejde klogere med mine råvarer.

I dag er kvaliteten af frosne fisk og visse grøntsager virkelig god. Tænk over det! Der er kun meget få restauranter, der laver retter med friskbælgede ærter. 98% bruger frosne ærter, og det er bredt accepteret, også af kunderne.

Det fantastiske ved frosne grøntsager er, at de høstes, når de er mest modne med den bedste smag og udseende. Dette er meget svært at efterligne, hvis man bruger de samme friske grøntsager året rundt. Og så har vi slet ikke talt om dåsetomater, som jo er blevet en nødvendighed, hvis du skal lave en god tomatsauce året rundt. Så personligt bruger jeg de gode dåser, også om sommeren, fordi jeg ved at tomaterne er høstet i sæson og opbevaret med al deres smag og pragt med samme høje kvalitet. De friske sæsontomater har jeg rig mulighed for at bruge andre steder i min menu.

Jeg kender restauranter, der ikke serverer en eneste tomat i måneder, når den er ude af sæson. Ud over at være godt for økonomien er det klogt, fordi de aldrig vil kunne købe samme kvalitet som i højsæsonen. Det er vigtigt at arbejde sæsonmæssigt der, hvor det giver mening for dem, der ønsker at bidrage til køkkenbudgettet. Hvis tomater er billige og i sæson, så fyr op under tomaterne! Er det aspargessæson? sæt i gang, men husk at fjerne alle tomat- og asparges-retter fra menuen, før ingredienserne bliver dyre igen.

Kort sagt skal du være et skridt foran, når du arbejder med friske grøntsager, hvis du ikke vil have overraskelser. Hvis du insisterer på at have en bestemt frugt eller grøntsag fra sommersæsonen på din menu om vinteren, så brug de lækre, billige og modne grøntsager, når de er i sæson, og gå i gang med at sylte, henkoge, fermentere, og lave chutneys og marinader, eller hvad du ellers kan finde på.

At arbejde sæsonmæssigt handler også om at arbejde med nationale eller lokale råvarer. Den verdensberømte restaurant Noma i Danmark, var en "first mover" med at insistere på at arbejde med lokalt producerede producenter og råvarer, der enten findes i naturen eller havet, eller ved at dyrke ting selv. Det er ikke fordi, de var de første til at dyrke grøntsager, men det var filosofien, som også navnet NOMA repræsenterer. NOMA er kort for Nordisk Mad. Så filosofien handlede om at lave al deres mad fra nordiske ingredienser. Som du måske ved, endte de med at revolutionere finere madlavning og Michelin Guidens syn på finere madlavning. I dag er der en nordisk Michelin Guide, hvor standarden for den oprindelige guide ikke længere gælder, når der spises i Skandinavien.

NOMA-filosofien ændrede køkkener over hele verden, og det er ikke længere de dyreste råvarer, der er blevet transporteret fra den ene ende af planeten til den anden, der er populære. Nu handlede det mere om at være bæredygtig og kreativ med de lokale produkter. Det gjorde råvarerne på menuerne i de finere restauranter meget billigere, og restauranterne havde mulighed for at få en højere fortjeneste end før. Udfordringen med det nye nordiske høj- gastronomi er, at det er enormt personalekrævende, hvilket forringer bundlinjen betydeligt. Omvendt er det et fåtal, der arbejder i de top-20 bedste restauranter, og derfor er det rentabelt for de fleste restauranter at arbejde med friske råvarer uden at skulle betale en bondegård for de ekstra personaleomkostninger.

4. Fortynd med 50/50 Metoden:

Stræk dine kulinariske ressourcer længere ved at bruge 50/50 metoden – en smart taktik der blander Premium ingredienser med mere økonomiske alternativer. Ved at fortynde dyre komponenter med neutrale eller billigere alternativer kan du bevare smagsprofilen og samtidig reducere ingrediensomkostningerne betydeligt.

Det bliver mere og mere populært at tilføje bælgfrugter og grøntsager til kødretter. Dette skyldes primært den positive påvirkning på klimaet og de imponerende besparelser, der kan opnås. Men også på grund af smagen, konsistensen og de tekniske fordele, disse tilsætninger kan tilføre dine retter. Øg derfor proteinindholdet i dine kødretter ved hjælp af prisvenlige bælgfrugter. Det er vigtigt, at du arbejder lidt mere med retterne og smagen - herunder proteinindholdet, så retten stadig giver en følelse af mæthed.

50/50 metoden er specielt anvendelig sammen med grøntsager i hakket kødretter som frikadeller, farsbrød, Cevapcici og hakkebøffer. Du kan tilføje rå eller kogte kartofler eller revet squash og mange andre grøntsager til mange retter. Mange af tilsætningerne giver endda en ekstra bonusdimension til din ret, fordi de tilfører saftighed, især til hakkede kødretter. Dette er nemt at arbejde med og vil spare dig mange penge!

5. Tilbyd Ekstra Valgmuligheder:

Forhøj dine gæsters madoplevelse ved at tilbyde tilpassede valgmuligheder, der imødekommer deres præferencer. Ekstra toppings og tilbehør og et udvalg af saucer og krydderier, vil give valgmuligheder, fremme kundetilfredsheden og præsentere lukrative muligheder for meromsætning og indtægts generering.

Det er en smart måde at holde omkostningerne nede, og lader kunden selv vælge, om de vil have specielle tilføjelser. Design dit menukort derefter, eller du kan spørge dine kunder, om deres ønsker: Ekstra pommes frites, ekstra toppings, stor portion, side tilbehør, opgraderinger som en pizza eller pasta baseret på fuldkorn, eller en større bøf.

Arrangere din menu, så gæsterne skal vælge deres egne tilbehørsretter og lad dem betale separat for det i forhold til, hvad de ønsker at spise. Det ses ofte i mange steak/burger og fastfood-restauranter, men kan sagtens implementeres i andre restaurantkoncepter.

Det vil ikke kun holde priserne på dine retter nede, men det vil give dig mulighed for at sælge mere, fordi priserne på retterne virker billige. Der er mange måder at få dine gæster til at bruge flere penge og vælge ekstra ting, og det kræver normalt ikke en stor indsats fra din side. Tænk derfor over, hvor det kunne give mening at lade kunderne vælge ekstra ting i din restaurant.

6. Skift Udskæringen:

Udfold din kulinariske kreativitet ved at udforske alternative udskæringsteknikker og præsentationer. Overvej at bruge billigere kødstykker eller at indarbejde innovative skæremetoder for at opnå ønskede teksturer og smag uden at gå på kompromis med kvaliteten.

Vil dine gæster blive skuffede, hvis du fjerner oksemørbrad fra menuen? Eller vil de komme tilbage alligevel på grund af den fantastiske sauce bearnaise, de elsker? Hvis de ikke bliver skuffede, så er det måske tid til at ændre udskæringen. Men hvis svaret er ja, så sørg for at bruge samme udskæring både til en forret og en hovedret på menuen for at mindske risikoen for ikke at sælge det dyre kød.

Hvorfor ikke prøve carpaccio eller tatar som forret og Beef Stroganoff eller oksefilet tournedos til hovedret? Så bruger du samme udskæring, og hvad angår carpaccio, kan du fryse det og derfor er det nemt at holde "friskt" og skære i tynde skiver ved servering. Selvfølgelig gælder de samme overvejelser også for den friske dyre fisk. Er det virkelig vigtigt at købe en stor frisk pighvar eller helleflynder, hvis du ikke er sikker på at få gæster, der vil betale for disse retter? Hvis du har disse gæster, så fungerer det samme tip her. Brug det til både forretter og hovedretter for at minimere spild.

Madspild er virkelig dumt og bidrager til et stort penge- og råvarespild årligt i mange restauranter. Mit råd er at være kreativ med dine udskæringer og finde billigere udskæringer, der vil spare dig penge, men stadig vil bringe glæde

I vinterperioden er det tilrådeligt at lave simreretter som Boeuf Bourguignonne, Pot au feu og andre lignende retter. I mange lande er det også meget raffineret at spise kanin, som både kan tilberedes medium og saftig eller puttes i en gryde og simre i timer for at blive ekstremt mør. Det er ikke kun et eksempel på det i det raffinerede køkken, det er også billigt at købe kanin, og det er et af de mest miljøvenlige dyr at opdrætte til føde. Der er mange andre dyr, fisk og udskæringer, du kan prøve at være kreativ med og dermed undgå at bruge dyre udskæringer.

7. Hold øje med tiden i Køkkenet og reducer unødvendige skridt:

Arbejder du ofte overtid? Overtid koster penge, og det er måske ikke i din eller dine medarbejderes interesse at arbejde overtid. Måske er det tid til at se på, hvorfor tiden er for knap. Er menuen for avanceret? Er du for ambitiøs? Er du underbemandet? Indeholder retterne for mange ingredienser? Er der steder i processen, hvor du kan indføre tidsbesparende løsninger?

Skal du virkelig selv skrælle og hakke løg? Eller kunne du købe dem skrællede og hakkede? Skal du absolut lave din egen mayonnaise eller bouillon, eller er resultatet lige så godt med købt mayonnaise eller bouillon/ fond og Demi glace? Prøv det, smag det! Du vil måske blive overrasket over, hvor mange steder du kan spare tid i køkkenet.

Der er selvfølgelig situationer, hvor for eksempel hjemmelavet mayonnaise er bedst, men ofte gør det ikke en forskel for din kunde, medmindre hjemmelavet mad er en hoveddel af dit koncept og brand.

Det er for dyrt at betale overtid, og det vil dræne din restaurant fra en anstændig fortjeneste. Det er også tilrådeligt at overveje, om du kan producere til lager og bulk og dermed have flere af retterne på lager i fryser eller på køl. Dette sparer tid, og du behøver måske ikke at producere nye og friske retter så ofte, som du gør i dag.

Tænk nøje over hvilke skridt, der ikke er nødvendige, og hvor du kan gå på kompromis for at spare tid og penge. Tid er en værdifuld vare i et travlt køkkenmiljø. Udfør en omfattende gennemgang af dine køkkenoperationer for at identificere ineffektiviteter og eliminere unødvendige opgaver. Ved at optimere arbejdsflowet og minimere uønskede skridt kan du øge produktiviteten, reducere lønomkostningerne og fremskynde ordreudførelse.

8. Lav Lageroptællinger Oftere:

Opnå en præcis kontrol over dine lagerbeholdninger gennem regelmæssige lageroptællinger og revisioner. Ved nøje at overvåge forbrugs- og anvendelsesmønstre kan du undgå overoplagring, minimere spild og sikre optimal lageromsætning. Desuden giver realtids lagerdata mulighed for velinformerede beslutninger vedrørende indkøb og genopfyldning.

Hvor ofte laver du lageroptælling? Det anbefales at gøre det mindst en gang om måneden, så du ved, hvad der går ind og ud af dit køkken. Det vil hjælpe dig med at beregne, hvor meget du bruger på mad. Sammenlign tallene med din månedlige dækningsgrad og beregn, hvor stor forskellen er økonomisk. Måske skal du kigge på dit lager for madspild, måske modtager du for mange dagligvarer i forhold til, hvor meget du bruger til din daglige forberedelse af menuen.

Nogle gange skal du lave aftaler med dine leverandører og kræve fleksibilitet i ordrestørrelserne. Du har måske ikke brug for en hel kasse tomater, men kun det, du skal bruge. Du kan måske aftale med leverandørerne, at du kan returnere produkter, der ikke skal bruges. Dette er selvfølgelig ikke muligt med meget af den friske mad, men med mange fødevarer kan det være nødvendigt at returnere store portioner. På denne måde undgår du at binde penge i dit lager.

Mit råd til dig er derfor at sørge for lageroptælling en gang om måneden og inkludere alle lagerrum, køleskabe og frysere med uåbnede varer. Hvis du gør det hver måned, vil du hurtigt kunne finde ud af, om der er råvarer, der forsvinder og ikke kan genfindes i salgstallene. Nogle gange er der en god forklaring, og andre gange skal du undersøge det nærmere for at finde årsagen.

9. Minimering af dit Madspild:

"The most dangerous kind of waste is the waste we do not recognize."

Shigeo Shingo

Du kan fremme en bæredygtig kultur ved at implementere strategier til at minimere madspild i dine køkkenoperationer. Brug overskydende ingredienser kreativt i dagens retter eller genanvend rester til nye opfindsomme retter. Overvej også at kompostere organisk affald og samarbejde med lokale fødevarebanker for at donere overskydende mad, og derved minimere miljøpåvirkningen og fremme lokalsamfundets velvilje.

Som du sandsynligvis selv har oplevet, er der mange situationer, hvor du skaber madspild. Det meste madspild kan undgås, men der er selvfølgelig madspild, der kan være svær at undgå.

Lad os se på følgende typer madspild:

I din daglige madlavning:

Det er her, du kan organisere og vælge at arbejde smartere for at undgå madspild.

- Brug dine overskydende grøntsager og rester i lækre supper eller bag dem i ovnen og lav sunde snacks, lav pureer eller hak dem og tilsæt til retter.
- Brug gårsdagens brød til rasp eller kage næste dag; det er også en god tilføjelse til dine hakket kødretter.
- Lav tallerkenpynt spiselig og en del af retten.
- Vær kreativ med dine rester fra friske grøntsager eller frugter, fx brug æblekerner til at lave æblecidereddike osv. Der er mange måder at arbejde med dit spild, så gør det til en sejr i køkkenet at finde måder sammen som et team.

Buffetspild:

Det er vigtigt at se på, hvad der kommer tilbage fra buffeten, og overvej allerede før du laver buffeten, hvordan du vil reducere spild, når maden kommer retur til køkkenet.

- Server dine retter på mindre tallerkener.
- Brug ikke for store serveringsskåle.
- Portionsanret så meget som muligt i buffeten.
- Vær opmærksom på mængden af nye og eksperimenterende retter.
- Brug spiselige dekorationer og undgå for store tallerkener.

Lad os gennemgå det:

Server dine retter på mindre fade og fyld op oftere. På den måde kan du holde maden i køleskabet og dermed bruge det, der ikke har været på buffeten den næste dag.

Hvis du ikke sætter for store tallerkener på buffeten, vil gæsten være nødt til at gå tilbage flere gange til buffeten, men kunden vil kun gå tilbage, hvis de er sultne nok.

Portionsanret så meget som muligt i små portioner. Det er ikke kun en god måde at spare penge og kontrollere størrelse på, men det er også dekorativt, og det føles eksklusivt for gæsten. Jeg husker første gang for 20 år siden, da jeg begyndte at arbejde med individuelle portionsstørrelser på buffeten. Folk plejede at spise meget kød og fisk fra buffeten, hvilket var dyrt, men da vi ændrede det til små individuelle serveringsretter, halverede folk deres indtag af kød. Det ændrede ikke deres allerede høje tilfredshed med frokostbuffeten, men det gjorde, at de bedømte buffeten bedre end før. Det er et eksempel på besparelser, der bliver gjort klogt til fordel for alle. En sand win-win!

Vær også opmærksom på mængden af nye og eksperimenterende retter, du serverer på buffeten. Prøv at lave en lille portion og se, om kunderne kan lide den, før du laver et hel batch.

Begræns antallet af forskellige retter på din buffet - mindre er mere! Folk har ikke brug for 50 forskellige retter på buffeten. Afhængigt af hvilken type buffet det er, og hvornår på dagen den serveres, vil det selvfølgelig ændre antallet af retter. Men uanset hvad, hold det nede, der hvor du kan.

Få dine kunder til at forstå, at du prøver at reducere madspild ved at skrive det på skilte ved buffeten - de vil elske det!

Brug spiselige dekorationer og igen undgå for store fade med for mange dekorationer. Hvis du har madspild fra din buffet, så planlæg på forkant hvad du vil gøre med det. Vent ikke med planlægningen, til madspildet ankommer til køkkenet. Det er et tidspunkt, hvor det er nemt at smide mad væk. Det er nemmere bare at skille sig af med det frem for at finde på noget at bruge det til hvis det ikke er planlagt. Personalet kan desuden ikke være kreative på dette tidspunkt, hvis du ikke allerede har en plan med det.

Indkøb og lagerrum:

Er områder, hvor du også kan gøre en forskel for at reducere dit madspild. Derfor bør du:

- Oprethold god orden i lagerrummet for at undgå, at ingredienserne bliver for gamle (først ind, først ud).
- Lav præcise produktbestillinger og overvej, om du virkelig har brug for mængderabatter - hvor meget

har du faktisk brug for, og hvor længe kan produktet holde sig?

- Hold dit lager på et minimum og stil krav til din leverandør med hensyn til fleksibilitet.

- Opret din menu baseret på dine råvarebeholdninger og ikke omvendt.

- Visualiser din dag klart på en tavle eller i menuen, det kan hjælpe dig med at håndtere et ekstra flow af ingredienser, du har til overs.

- Lav faste regler for annullering af forudbestilt mad - del ansvaret.

- Lav en statistik for hele ugen, hvornår er der flest og færrest gæster, og producer i overensstemmelse hermed.

Tallerkenkarakteristika:

Tjek tallerkenspildet regelmæssigt, når du returnerer tallerkener fra a la carte og andre portionsanretttede skåle og fade: hvilke retter er for store og juster så størrelsen på retten om nødvendigt.

Du kan også give dine gæster mulighed for at bestille efter vægt og undgå, at de bestiller for meget.

Brug mindre tallerkener, så mængden automatisk begrænses, dette virker både til buffet og individuelle serveringer.

Brug et madspildsprogram eller apps til overskydende mad. Det kan hjælpe dig med at komme af med produceret mad på en god måde, hvor du i slutningen af dagen kan sælge portionerne til en lav pris, der kun dækker råvare-omkostningerne. På denne måde behøver du ikke at håndtere en stor mængde overskydende mad. Dine gæster eller folk fra appen kan således købe overskydende mad med hjem. Du sparer penge ved ikke at skulle bortskaffe madspildet, og kunderne elsker det. Det kan også skabe en helt ny forretningsmulighed for dig.

10. Klima-smarte tips:

Tag proaktive foranstaltninger for at reducere dit køkkens CO_2-aftryk og dermed fremme miljømæssig bæredygtighed. Vælg energieffektive køkkenapparater, implementer vandbesparende praksisser og prioriter brugen af lokalt producerede og bæredygtigt frembragte ingredienser.

Ved at adoptere økobevidste initiativer bidrager du ikke kun til miljøbeskyttelse, men positionerer også din restaurant som en socialt ansvarlig virksomhed, der appellerer til miljøbevidste brugere.

Ved at integrere disse detaljerede køkkenplanlægnings-idéer i dine kulinariske områder, vil du åbne en skattekiste af muligheder for at øge effektiviteten, reducere omkostningerne og forbedre den samlede rentabilitet af din restaurant.

De vigtigste emner her er:

- Madspild!
- Apps til reduktion af madspild.
- Køb smart!
- Brug lokale producenter hvor muligt.
- Egen produktion.
- Energibesparelse.
- Kommuniker dine intentioner til dine kunder, de elsker det.

Mange af de idéer, vi allerede har dækket i det her kapitel, indeholder klima-smarte tips. Lad mig opsummere det for dig, så du får et overblik!

Det er kun forslag og ikke et forsøg på at udtrykke en erklæring fra min side. Du kan gøre, hvad der passer dig, og det du syntes passer bedst til din forretning.

At arbejde Klima-smart:

Arbejd med dit madspild både i din daglige madlavning, på din buffet og i dine portionsstørrelser. Arbejd med din opbevaring og indkøb og brug apps som Too Good To Go eller lignende, hvis du ikke kan undgå madspild.

Lav Smarte Indkøb:

Brug lokale producenter hvor muligt eller køb nationalt producerede friske grøntsager, frugter og kød. Inkorporer sæsontænkning i dine menuer som tidligere nævnt. Det vil få dig til at spare penge, og kvaliteten af fx tomater er langt bedre om sommeren end når de produceres i drivhuse om vinteren. Det er et godt miljømæssigt valg at integrere dette i dit brand og menu. Overvej, om du har brug for friske grøntsager og frugter, der har rejst rundt i verden for at nå frem til din restaurant. Overvej også, hvor meget oksekød du ønsker på din menu. I mange lande rundt om i verden bliver det mere og mere trendy at spise mere plantebaseret og købe alternative produkter til kød. Kylling og fisk (når ikke fanget med trawl) eller linemuslinger er et bedre klimavenligt valg end fx oksekød. Dyrk dine egne grøntsager, krydderurter og frugt, på den måde sparer du ikke kun penge, men du gavner også klimaet, og det er enormt tilfredsstillende, og gæsterne elsker det virkelig.

Du kan også overveje at sanke nogle af dine ingredienser direkte fra naturen. Det kunne være svampe og friske urter eller bær.

Energibesparelse handler om at lave mad, der bruger så lidt energi som muligt og dermed mindske klimaaftrykket. Overvej derfor kun at have ovnen og komfuret tændt, når du faktisk bruger det. Når du bruger ovnen, kan du overveje at fylde den op og ikke kun tilberede en portion. Som nævnt tidligere er det klogt at tænke i bulk og lave større portioner, hvor det er muligt. Afslutningsvis, sørg for at kommunikere dine klimabeslutninger og intentioner til dine kunder, det hjælper ikke kun dem med at forstå konceptet i din restaurant, men de elsker det også! Det er meget trendy at være en klimavenlig tænkende restaurant, uanset hvilken type restaurant du har.

Kapitel reflektion	Noter / handling

PRISSÆTNINGSSTRATEGIER: AT FINDE EN OPTIMAL BALANCE TIL PROFIT

Velkommen til den dynamiske verden af prissætningsstrategier - en balanceakt mellem værdiforståelse, rentabilitet og gæstetilfredshed!

I dette kapitel vil vi udforske kunsten bag at prissætte dine menuer for at maksimere indtægter, optimere avancer og få dine gæster til at komme tilbage efter mere. Så lad os smøge ærmerne op, knuse nogle tal og afsløre hemmelighederne om den optimale balance for profit i din restaurant!

Forståelse af prissætningspsykologi

Før vi dykker ned i detaljerne om prissætningsstrategier, lad os udforske psykologien bag prissætning og dens indvirkning på forbrugeradfærd. Prissætning handler ikke kun om et tal på dine menu - det handler om at forme opfattelser af værdi, kvalitet og overkommelighed. Ved at forstå principperne for prissætningspsykologi kan du udnytte forbrugerbias og præferencer til din fordel, når du fastsætter priser.

Charme Prissætning:

Kraften ved charme-prissætning ligger i tiltrækningen af de opfattede besparelser. Du kender sikkert alt for godt denne strategi, men den er værd at nævne for jeg ser alt for tit, at det bliver glemt ude i restauranterne og cafeerne.

Ved at prissætte varer lige under et helt tal (fx 99 kr. i stedet for 100 kr.) skaber du illusionen af et godt tilbud og tilskynder til et køb. Denne subtile prissætningstaktik udnytter forbrugernes tendens til at fokusere på det venstrestillede ciffer i en pris, hvilket gør varer mere overkommelige og tiltalende.

Trinvis prissætning:

Trinvis prissætning tilbyder kunder en række muligheder til forskellige prisniveauer, der imødekommer forskellige budgetter og præferencer. Ved strategisk at placere retter på tværs af flere pristrin giver du gæsterne friheden til at vælge i henhold til deres opfattede værdi og vilje til at betale. Denne fleksible prissætningstilgang forbedrer kundetilfredsheden og tilskynder til mersalg, hvis man har en bred målgruppe, uden at fremmedgøre budgetbevidste gæster.

Fiskekrogs prissætning:

Fiskekrogs prissætning indebærer strategisk at placere en ret med en høj pris ved siden af mere moderat prissatte alternativer, med henblik på at forankre kundernes opfattelser af værdi. Ved at etablere et referencepunkt for sammenligning kan du få lavere prissatte varer til at virke mere overkommelige og tiltalende i sammenligning. Denne prissætningstaktik udnytter princippet om relativitet og guider gæsterne mod retter med højere marginer, samtidig med at den opretholder den opfattede værdi. Samtidig, hvis du ønsker at gæsten vælger en specifik ret med en høj avance, så er det vigtigt at have et højt referencepunkt og et lavt referencepunkt til din stjerne ret, som du så placerer til en mellempris. Så sørg for, at den ret, du tjener flest penge på, er den mellemprissatte ret på din menu, fordi dette øger chancerne for, at det bliver den bedst sælgende ret. Lad os sige, at du har tre hovedretter at vælge imellem: Pighvar til 400 kr., svinekotelet til 150 kr. og torskeryg til 250 kr. På en sådan menu vil de fleste gæster vælge torskeryggen, fordi A. Pighvar er for dyr, og B. svinekotelet er "for billig".

Det fungerer som en fiskekrog med psykologisk madding, og der er en stor sandsynlighed for at gæsterne vil nappe til din madding og dermed købe den ret, som du netop ønsker.

Kapitel reflektion	Noter / handling

MENUPSYKOLOGISKE PRINCIPPER:

Et område vi kort har berørt i afsnittet Strategisk Menu-planlægning. Det er et vigtigt område, du bør overveje at bruge lidt tid på, når du laver din menu. Lad mig forklare dig, hvad menupsykologiske principper handler om:

Placering af retter på menuen ved hjælp af menuens gyldne trekant:

At sammensætte en menu kan være svært. Men det viser sig, at nogle steder på menuen er mere synlige end andre. De pladser er i midten, i øverste højre hjørne og i øverste venstre hjørne. De kaldes menuens gyldne trekant af psykologer. Retter placeret på disse pladser har større chance for at blive valgt. Placer derfor avance høje retter eller menuer i disse områder, så de let bliver opfanget af øjet.

Farver brugt i menuen kan også påvirke salget:

Farver spiller en overraskende vigtig rolle i, hvordan gæster opfatter og vælger retter fra en menu. Orange anses ofte for at stimulere appetitten, hvilket gør det til et oplagt valg til at fremhæve særlige sektioner som snacks eller forretter. Gul bruges hyppigt til at fange opmærksomheden, især ved kampagner eller særlige anbefalinger, da det skaber en følelse af energi og optimisme. Grøn er populær blandt grafiske designere, da det symboliserer friskhed og sundhed – perfekt til at fremhæve salater eller vegetariske retter.

En interessant strategi er brugen af rød til at markere de mest rentable retter. Rød forbindes med energi og passion, og psykologisk tiltrækker det opmærksomhed, hvilket kan få gæsterne til at føle en større trang til at vælge disse retter.

Eksempel: I en italiensk restaurant blev en pasta med trøffelsauce fremhævet med rød tekst i menuen som "kokkens anbefaling." Salget af denne ret steg med 20 % i forhold til de øvrige retter på menuen, efter den blev farvemarkeret. Dette viser, hvordan selv subtile ændringer kan påvirke gæsternes beslutninger.

Lokke gæsterne til at bestille mad med fængende beskrivelser:

Hvis du uddyber din ordlyd med fængende beskrivelser, lokker du gæsterne til at bestille maden. Hold dig væk fra superlativer, fordi disse hurtigt får det til at lyde som om, du overdriver. I stedet for at bruge "den bedste burger" eller "den friskeste salat", kan du bruge beskrivelser som "soltørret", "rig" eller "frisk". "Friskhøstet grønne asparges" lyder lækkert og luksuriøst, og det giver dig mulighed for at opkræve en høj pris sammenlignet med de faktiske omkostninger ved ingredienserne.

Følelser tilføjet til menuen ved at tilføje nostalgi eller temaer relateret til familie:

Jeg anbefaler også at tilføje følelser til menuen ved at tilføje nostalgi eller temaer relateret til familie. Du har måske set retter markedsført som "Mors ostekage" eller "Bedstemor's spaghetti med kødsovs"? Hvis din forretning bærer dit navn, så overvej at benytte dit navn til dine topprodukter. Det kunne være til Susans Café, hvor man kunne sætte Susans berømte kanelsnegle på kortet, eller slet og ret Susans favoritter. Brug gerne navne og nostalgiske navne til dine temaer eller retter, det giver gæsten en fornemmelse af, at de kan stole på retten, da der jo må være gjort noget ekstra-ordinært ud af det.

Begrænset antal retter på menuen kan være mindre forvirrende for gæster:

At begrænse antallet af retter pr. side fungerer også. De fleste bliver forvirrede, hvis de skal vælge mellem for mange muligheder. Derfor anbefaler jeg, at du begrænser antallet af alternativer per side – ikke mere end syv til ti. Så hold det simpelt! Det giver overblik, og du kan dermed bedre styre, hvad du foretrækker at folk bestiller.

Præsentation og design af menuen spiller også en vigtig rolle i salget:

Menuens præsentation kan både friste folk til at bestille det bedst sælgende produkt eller prøve noget nyt, og du har stor indflydelse på, hvad de vælger. Menuens præsentation, skrifttyper, farver, bokse med tekst og specialiteters udseende har alle en indflydelse på, hvad gæsterne vælger. Så hvis du vil have indflydelse på valget, bør du begynde at tænke menustrategi, når du laver din menu. Du kan overveje at bruge en professionel menudesigner, men med de indsigter, du har fået i denne bog, har du nu en grundlæggende viden om, hvad du bør tænke på, som kan hjælpe dig godt i gang.

Og så lige et par praktiske men vigtige tips:

1. På din menu kan det være fristende at beskrive råvarerne ned til gårdsniveau, men hvad sker der, når leverandøren løber tør for den pågældende råvare, eller du beslutter at skifte leverandør? Ændring af menukort kan være en stor udgift, så tænk over, hvor detaljeret du ønsker at være, når du beskriver dine retter.

2. Fortæl ikke gæsten, at de vegetariske retter er vegetariske, men placer dem blandt de andre retter på menuen. Det tiltrækker automatisk vegetarerne, og mange omnivorer vil helt sikkert spise dem og specielt, hvis de ikke kaldes vegetarisk eller vegansk på menukortet. Retterne har ofte en høj fortjeneste, og der er hyppigt salg på dem.

Kapitel reflektion	Noter / handling

PRISSÆTNING AF RETTER OG DRIK-KEVARER

Før du kan fastsætte priser på dine menuer, er det essentielt at forstå omkostningerne, som er forbundet med hver ret. At sælge retter og drikkevarer, der optimerer din fortjeneste, er ideel, men du bør også være realistisk. Selvom du vil tjene penge, skal du tilpasse efterspørgslen. Hvis prisen er for høj, vil gæsterne tænke sig om to gange, før de besøger din restaurant. Så det er vigtigt at finde "smertegrænsen" for, hvor højt du kan prissætte dine emner.

Nøglekomponenter når du beregner menuens omkostninger:

Råvareomkostninger (direkte omkostninger):

For det første skal du beregne råvareomkostningerne. Det inkluderer ikke lønninger, husleje eller andre udgifter. Råvareomkostninger betyder prisen på de ingredienser, der bruges til retten og serveringen tilsammen, eller hvis det er drikkevarer så blot kostpris for denne.

Hvis du planlægger at servere en ret med torsk, grøntsager, sauce og kartofler, så skal du have beregnet prisen på hver ingrediens og opskrift til denne ret. Hvis du serverer brød og smør med retten, skal du også inkludere det i prisen. Du skal kende den nøjagtige råvareomkostning for serveringen. Det kan du bruge på præcis samme måde med drinks og andre blandede drikkevarer hvor der indgår en opskrift.

Arbejdsomkostninger:

Inkluder ikke arbejdsomkostninger forbundet med at forberede, tilberede og servere hver ret eller drikkevarer. Overvej tiden og færdighederne, der kræves for at forberede retten eller drikkevaren, men kun med det formål at vide, hvor tidskrævende / arbejdsbelastende emnet er. Jeg vil nedenfor vise dig, hvordan du bruger beregninger, når du prissætter retterne på menuen, hvor dine faste omkostninger og fortjeneste allerede er inkluderet.

Den lette måde:

Det er normalt, at råvareomkostningerne (direkte omkostninger) kan udgøre helt op til 35% af det, du sælger den for. Dette betyder, at du vil have en dækningsgrad i % på minimum 65%.

Der er en nem måde at beregne det på, som du kan overveje at bruge: Tidligere var det nok at gange dine råvarepriser med 3 for at beregne prisen for dine emner på menuen. Men tommelfingerreglen har ændret sig, eftersom udgifterne er steget de seneste år på grund af højere råvarepriser og høje el-, varmepriser mv. Derfor skal du nu gange dine beregnede kostpriser med 5, for at sikre en ordentlig avance, som kan dække lønninger, husleje og naturligvis profit.

For eksempel: Hvis råvarerne til en ret koster 35 kr., skal retten have en minimumspris på menuen på 175 kr. (35 x 5) Dette er inklusive moms tilføjet til salgsprisen. Det giver dig en dækningsgrad på 80%, og udgiften til retten er derfor 20%. Gå ikke under en dækningsgrad på 65% og sørg for at holde den mellem 65-80% eller mere. Gå ikke på kompromis med reglen, find andre måder at foretage ændringerne på. Du kan overveje at ændre på mange ting for at få lavere kostpris, fx portionsstørrelsen, råvarer typer eller at bringe sæsontænkning ind i dine retter. Leg med det og se, hvordan du kan ændre det smart og elegant.

Hvad er dækningsbidrag og dækningsgrad i %?:

Dækningsbidraget er en af de vigtigste nøgleindikatorer for enhver virksomhed, især i restaurationsbranchen. Det viser, hvor meget du tjener på en ret eller en vare, efter de direkte omkostninger er dækket. Direkte omkostninger omfatter råvareomkostninger som kød, grøntsager, vin eller sodavand – altså alt det, der direkte indgår i tilberedningen eller serveringen.

For at beregne dit dækningsbidrag trækker du de direkte omkostninger fra salgsprisen. Lad os tage eksemplet fra før: Salgsprisen på retten er 175 kr., og råvareomkostningerne er 35 kr. Dækningsbidraget bliver:

175 kr. – 35 kr. = 140 Kr.

De 140 kr. er det beløb, der er tilbage til at dække dine faste omkostninger (som lønninger og husleje) samt skabe profit.

Hvad er dækningsgraden i %?

Dækningsgraden i procent giver et hurtigt overblik over, hvor effektivt du prissætter dine varer, og hvor stor en del af salgsprisen der går til at dække faste omkostninger og profit. Den beregnes som:

Dækningsgrad i % = Dækningsbidrag / salgspris x 100

Med eksemplet ovenfor ser det sådan ud:

175 / 140 × 100 = 80%

En dækningsgrad på 80 % betyder, at 80 % af salgsprisen bruges til faste omkostninger og fortjeneste, mens 20 % går til råvareomkostninger.

Momsens betydning

I Danmark har vi som bekendt en momssats på 25 %, som skal tages højde for, når du arbejder med priser. Salgsprisen på menuen er ofte inklusive moms, men for at beregne dækningsbidraget korrekt skal du arbejde med prisen uden moms.

For at fjerne momsen dividerer du salgsprisen med 1,25. For eksempel:

Salgspris uden moms = 175 / 1,25 = 140 kr.

Dette giver dig et klart billede af, hvad din virksomhed tjener på varen, før momsen afregnes til skat.

Eksperimenter med prisstrategi:

At forstå dækningsbidrag og dækningsgrad i % er afgørende for at sikre korrekt prissætning af dine serveringer. Når du kender dækningsgraden for dine retter m.m., kan du justere opskrifter, portioner eller priser for at optimere din indtjening.

Det handler dog om balance: En høj pris kan afskrække gæsterne, mens en for lav pris kan gøre serveringen mindre rentabel. Nogle gange kan det være nødvendigt at justere eller fjerne serveringer, der ikke bidrager til din samlede profit.

Hver restaurant er unik, og det kræver en eksperimental tilgang for at finde den rigtige prisstrategi. Ved at analysere dækningsgraden for forskellige serveringer kan du optimere din menu og øge din profit – ofte med små, men effektive ændringer. Prøv dig frem!

Kapitel reflektion	Noter / handling

STRATEGISK MENUHÅNDTERING

Nu hvor du har en solid forståelse af prissætningspsykologi og dine serverings omkostninger, er det tid til at udforske nogle menu strategiske taktikker for at hjælpe dig med at træffe smarte valg:

Mange spisesteder kæmpede længe med at komme sig over lammelsen af pandemien og den efterfølgende inflation, derfor er det blevet stadig vigtigere at optimere sin profit, så der skabes en solid økonomi i forretningen, for at undgå en lignende situation i fremtiden.

Michigan State University har udviklet principperne for "menu engineering" og har skabt en matrix for at hjælpe restauratører og virksomhedsejere med at optimere deres profit.

Menu Engineering Matrix:

Implementer menu Engineering værktøjet for strategisk at have fokus på højprofitvarer og dermed drive salget af menuens favoritter for at optimere indtjeningspotentialet. Gennemførelse af en Menu Engineering Analyse kan optimere dine menuudbud, så du kun promoverer de produkter, der tiltrækker gæster samt bidrager til din profit. I essensen er menu Engineering kunsten at udforme en menu med henblik på at maksimere en restaurants økonomiske gevinster.

Menu Engineering er meget mere end blot at skabe en æstetisk tiltalende menu. Menu Engineering involverer en analyse af dine retters rentabilitet og popularitet, hvilket hjælper dig til at beslutte, hvilke serveringer der skal beholdes, arbejdes med eller fjernes. Processen virker mere kompleks, end den er og den er let at lære for de fleste.

I enhver restaurantmenu vil visse serveringer have højere råvareomkostninger end andre, og ikke alle retter vil have samme dækningsgrad. Det afgørende aspekt er at finde en balance i menuen, så både lave og høje omkostningsvarer supplerer hinanden for at opnå den ønskede målsatte dækningsgrad.

Det du skal gøre, er at måle dine retters popularitet og profitabilitet.

Hvis din ret er meget populær, og du har en høj profit på den, kvalificerer den sig som en stjerne, som du kan se i øverste højre hjørne af nedenstående model.

Hvis din ret er meget populær, men ikke har en høj profit, så er det en plovhest, som du kan se i øverste venstre hjørne af modellen.

Hvis din ret ikke er særlig populær, men med høj profit, kvalificerer den sig som en puslespilsbrik.

Og slutteligt, hvis din ret ikke er særlig populær og har lav profit, så er det en hund.

Lad mig gå lidt i dybden med disse termer:

Stjerner: Høj profitabilitet og høj popularitet

Elementerne på en stjernemenu er populære, og samtidig giver de en god profit. Det betyder, at de er billige at lave og allerede er blevet meget populære blandt dine gæster. Den bedste tilgang er at lade elementerne på en stjerne-menu være, som de er og fortsætte med at markedsføre dem på samme måde, som du allerede gør. Sørg for, at de er fremtrædende på menuen, fordi de tydeligvis er populære. I den perfekte verden bør du sigte mod at gøre alle dine retter til stjerneretter.

Puslespilsbrik: Høj profitabilitet og lav popularitet

Denne kategori indeholder elementer med lav popularitet, med en høj profit. De fleste af disse varer er oftest prissat til en præmiepris. Da varer i denne kategori har høj profitabilitet, men af en eller anden grund ikke sælger godt, prøv da en af følgende strategier og se, hvad der sker:

Markedsfør emnet som dagens ret, eller specialitet for at fremhæve dem og gøre dem mere synlige på din menu. Eller sænk prisen og se, om efterspørgslen stiger.

Du kan også vælge at fjerne den fra menuen, hvis ingredienserne har kort holdbarhed eller er svære at opbevare.

Plovheste: Lav profitabilitet og høj popularitet

Retter og andre emner kategoriseret som plovheste sælger godt, men profitmarginen er lille. Fordi disse emner stadig kræver en indsats i forhold til forberedelse, men kun genererer begrænset profit, er det ikke tilrådeligt at arbejde på at markedsføre dem.

<u>Du kan gøre følgende</u>:

Du kan prøve at hæve prisen for at se, om det påvirker efterspørgslen. Reducer ingrediensomkostningerne ved fx at mindske portionsstørrelser. Du kan også kigge efter alternative ingredienser, der koster mindre uden at gå på kompromis med kvaliteten. Uanset hvad skal dit mål med denne ret være at få den op i stjernekategorien.

Hunde: Lav profitabilitet og lav popularitet

Varerne i denne kategori er hverken særlig populære eller efterspurgte, og du tjener heller ikke godt på dem, og de bør derfor straks fjernes fra menuen. Det er ikke kun for at forhindre dem i at belaste restaurantens ressourcer i form af opbevaring, forberedelse og markedsføring, men også for at frigøre plads, arbejdstimer og ressourcer til at fremme de emner på menuen, der faktisk genererer profit. Så fjern retten fra menuen med det samme. De kræver både tid og penge og vil fortsætte med at bidrage til tab, hvis de forbliver på menuen.

Hvis mange varer på din menu falder ind under denne kategori, kan det være nødvendigt at søge hjælp fra nogen med kompetencer i markedsføring, og det kan være en god idé at spørge dine gæster om, hvad de synes om retterne, og hvorfor de vil eller ikke vil vælge dem.

På den anden side, hvis det kun involverer få retter, kan du prøve at give dem et nyt navn.

Konklusion: At finde den perfekte balance:

Det er sandsynligvis første gang, du hører om denne model, og måske tænker du, er det virkeligt nødvendigt med sådan en model for at opnå en profit? Det korte svar er, JA det er det! Det er et vigtigt værktøj at lære. MEN det er ikke en opgave, du skal udføre alene, sørg for, at I er flere om det, fordi det skal gøres løbende og registreres en gang om måneden. Du kan vælge at gøre det i et Excel-ark eller på papir.

At prissætte dine menuer er både en kunst og en videnskab - en delikat balance mellem værdiforståelse, omkostnings-analyse og strategisk positionering. Ved at forstå prissæt-ningspsykologi nøjagtigt, beregne menuens omkostninger og implementere strategiske prissætnings- og menu taktik-ker, kan du finde skattekisten til profit i din restaurant. Så fastsæt dine priser med selvtillid, overvåg ydeevnen nøje, og vær klar til at justere efter behov for at sikre langsigtet succes og profitabilitet!

Kapitel reflektion	Noter / handling

BEMANDINGSLØSNINGER: OPTIME-RING AF LØNOMKOSTNINGER

Velkommen til det allervigtigste område af din restaurant – dit dedikerede team bestående af dit køkken- og service-personale!

I dette kapitel vil jeg udforske vigtigheden af bemandings-løsninger ved optimering af lønomkostninger, samtidig med at effektivitet, produktivitet og medarbejdertilfreds-hed opretholdes.

Fra planlægning til træning spiller alle aspekter af beman-ding en afgørende rolle i at maksimere profitten og sikre en gnidningsfri drift af din restaurant. Så lad os dykke ned og afsløre hemmelighederne bag bemandingssucces i din for-retning!

Forståelse af lønomkostninger

Før vi dykker ned i bemandingsløsninger, er det vigtigt at forstå, hvad lønomkostninger betyder, og hvordan de påvirker din restaurants økonomiske sundhed. Lønomkostninger udgør typisk en af de største udgiftsposter for en restaurant og dækker ikke kun de grundlæggende lønninger til medarbejdere, men også en række andre udgifter. Disse omfatter fordele som pensionsbidrag, feriepenge, sygefravær, forsikringer og eventuelle bonusser. Desuden kan skjulte omkostninger som oplæring af nye medarbejdere og håndtering af medarbejderudskiftning hurtigt løbe op.

Effektiv styring af lønomkostninger handler ikke kun om at holde udgifterne nede, men også om at optimere arbejdsstyrken, så du sikrer den rette balance mellem bemanding og produktivitet. At have en forståelse af, hvordan disse omkostninger indgår i restaurantens samlede driftsbudget, er afgørende for at opretholde en bæredygtig og profitabel forretning på længere sigt. Dette gør lønomkostninger til en nøglefaktor, når du både planlægger daglige vagter eller fremtidige vækststrategier.

Balancering af bemandingsniveauer i forhold til efterspørgslen

En af de store udfordringer i bemandingsledelse er at finde den rette balance mellem bemandingsniveauer og kundernes efterspørgsel. Underbemanding kan føre til dårlig service, lange ventetider og medarbejderudbrændthed, mens overbemanding kan øge lønomkostningerne og mindske gevinsten. Her er nogle strategier til at optimere bemandingsniveauer i overensstemmelse med varierende efterspørgsel:

Prognoser og planlægning:

Brug historiske salgsdata, hvis du har det, sæsonmæssige tendenser og branchebenchmark for at forudsige kundernes efterspørgsel præcist. Baseret på disse prognoser skal du udvikle bemandingsplaner, der matcher spidsbelastningstimerne, samtidig med at unødvendige lønomkostninger undgås i sløvere perioder. Overvej at implementere fleksible vagtplanlægning såsom deltids- eller tilkaldevagter, for at tilpasse ændringer i efterspørgselsdynamikken.

Kryds træning og fleksibilitet:

Kryds-træn dit personale på tværs af forskellige roller og ansvarsområder for at forbedre fleksibiliteten og smidigheden i bemandingsindsatsen. Ved at udstyre medarbejderne med forskellige færdigheder og kompetencer kan du optimere bemandingsniveauer og justere bemandingsopgaver som reaktion på svingninger i efterspørgslen uden at ofre servicekvaliteten eller effektiviteten.

Realtidsmonitorering og justering:

Implementer et realtids monitoreringssystemer fx via dit POS system for at kunne spore nøgleindikatorer som kundetrafik, bordomsætningsrater og ordrevolumener.

Brug disse data til at træffe informerede bemandingsbeslutninger i farten, juster bemandingsniveauer og opgaver efter behov for at optimere lønomkostninger, samtidig med at service standarder opretholdes.

Optimering af medarbejdernes produktivitet og effektivitet

Udover at balancere bemandingsniveauer er optimering af medarbejdernes produktivitet og effektivitet afgørende for at maksimere værdien af din løninvestering. Her er nogle strategier til at forbedre medarbejdernes præstationer og minimere lønomkostningerne:

1. Træning og udvikling:

Invester i omfattende trænings- og udviklingsprogrammer for at udstyre dit personale med de færdigheder, viden og ressourcer, de har brug for til at excellere i deres roller. Tilbyd løbende coaching, feedback og støtte for at fremme kontinuerlig forbedring og professionel vækst blandt dine teammedlemmer. Start med at lave et onbording program, hvor medarbejderne, når de starter, får oplæring i de roller, de skal kunne håndtere, og sørg så for at de både får sidemandsoplæring, og at de selv søger viden i håndbøger m.m. Det er virkeligt godt givet ud af have sådan en plan klar, når en ny medarbejder starter, og det er god stil og giver en ro for den nye medarbejder, der jo som altid hurtigt og smidigt skal kunne sætte sig ind i alting på ingen tid. Prioriter også dette for dine ledere.

2. Opgavedelegation og prioritering:

Delegér opgaver effektivt og prioritér aktiviteter baseret på deres indvirkning på kundetilfredshed og driftseffektivitet. Giv dine medarbejdere ejerskab over deres ansvar og tilskynd til samarbejde og teamwork for at strømline arbejdsprocesser og optimere produktiviteten.

3. Arbejdsgang optimering:

Evaluér og forfin din restaurants arbejdsgange for at eliminere flaskehalse, reducere ventetider og forbedre den samlede effektivitet. Identificér muligheder for at strømline processer, optimere opgavesekvenser og implementere tidsbesparende teknikker for at maksimere medarbejdernes produktivitet og minimere lønomkostningerne.

Medarbejderfastholdelse og tilfredshed

Udover at styre lønomkostninger er det afgørende at fremme medarbejderfastholdelse og tilfredshed for at opretholde en motiveret, engageret og produktiv arbejdsstyrke. Her er nogle strategier til at forbedre medarbejderfastholdelse og tilfredshed:

1. Konkurrencedygtig kompensation og fordele:

Tilbyd konkurrencedygtige lønninger, fordele og incitaments-programmer for at tiltrække og fastholde toptalenter i branchen. Tilbyd muligheder for avancement, præstationsbaserede bonusser og anerkendelsesprogrammer for at belønne medarbejdernes loyalitet og engagement.

2. Arbejdslivsbalance:

Prioritér arbejdslivsbalance ved at implementere fleksible vagtplanlægning, tilbyde betalt frihed og imødekom medarbejdernes planlægningspræferencer, når det er muligt. Respektér medarbejdernes personlige forpligtelser og stræb efter at skabe et støttende og inkluderende arbejdsmiljø, der fremmer trivsel og tilfredshed. Det skal også være muligt at arbejde i en travl restaurant, selvom man er en del af en børnefamilie.

3. Åben kommunikation og feedback:

Sørg for at fremme åbne kommunikations- og feedbackkanaler mellem ledelse og personale for at indhente input, adressere bekymringer og fremme gennemsigtighed og tillid. Tjek og vurder regelmæssigt medarbejdernes behov, for at vurdere og indsamle feedback samt implementere ændringer eller forbedringer for at øge jobtilfredsheden og moralen.

Konklusion: At opnå bemandingssucces

Effektive bemandingsløsninger er afgørende for at optimere lønomkostninger, maksimere produktivitet og sikre succes for din restaurantdrift. Ved at balancere bemandingsniveauer med efterspørgsel, og samtidig optimere medarbejdernes produktivitet og effektivitet og fremme medarbejderfastholdelse og tilfredshed kan du skabe en dynamisk og modstandsdygtig arbejdsstyrke, der driver overskuddet og forbedrer gæsteoplevelser.

Invester derfor i dit team, giv dine medarbejdere beføjelser og ansvar og høst derefter de belønningerne der naturligt kommer af en bemandingssucces!

I dette kapitel udforskede vi vigtigheden af bemandings-løsninger herunder optimering af lønomkostninger og der-med øget effektivitet og indtjening i din restaurant. Ved at implementere en strategiske bemandingspraksis, fremme medarbejdernes produktivitet og tilfredshed og opretholde en balanceret tilgang til bemandingsniveauer, kan du opnå stor driftsekspertise og en langsigtet økonomisk succes.

Så lad os løfte glasset til en skål for dit dedikerede medar-bejderteam og de uvurderlige bidrag, de yder til din restau-rants succes! Skål!

Kapitel reflektion	Noter / handling

MARKEDSFØRINGSMAGI: AT DRIVE DIT SALG OG FREMME PROFITTEN

Velkommen til markedsføringens spændende verden – et område hvor kreativitet, strategi og innovation mødes for at fange dit publikum, drive salg og fremme succesen i din restaurant!

I dette kapitel vil jeg udforske magien ved markedsføring og afsløre hemmelighederne ved at udnytte salgsfremmende taktikker for at øge indtægter, maksimere rentabilitet og skabe et buzz omkring din virksomhed. Så tag din markedsføringshat på, og lad os begive os ud på en opdagelsesrejse af fornøjelser!

Forståelse af markedsføringens magt

Markedsføring er mere end blot reklame – det handler om at opbygge relationer, fortælle historier og forbinde sig med sit publikum på et dybere niveau. I sin kerne handler markedsføring om at forstå dine kunders behov og ønsker og finde kreative måder at opfylde dem på. Uanset om det er gennem sociale mediekampagner, nyhedsbreve via e-mail eller oplevelsesbaserede events, har effektiv markedsføring magten til at drive indtægter, øge brandbevidsthed og fremme loyalitet blandt dine gæster.

Forstå din målgruppe

Før du begiver dig ud på din menuskabelsesrejse, er det essentielt at forstå din målgruppe. Hvem er dine gæster? Hvad er deres præferencer, diætbegrænsninger og forbrugsvaner? Tag en blok og en pen og skriv ned, hvilke billeder der kommer til dig, når du tænker på din typiske målgruppe.

Du skal tænke på dine gæster som en Avatar, som du har et fuldt billede af i dit hoved - hvor gamle er de, hvilken indkomstgruppe ligger de i, hvad arbejder de med, hvordan klæder de sig osv. Du kan endda give din Avatar et navn, som Hr. og Fru Smith, eller Belinda og Joe! Og hver gang du skal træffe store beslutninger, så tænk på din målgruppe og spørg dig selv: Vil dette passe ind i min Avatars verden, og vil min Avatar kunne syntes om og acceptere denne ændring? Hvis svaret er ja, så bare gå videre og foretag ændringerne. Denne indsigt er også vigtig at bruge, når du tænker på markedsføring i forhold til at gennemføre markedsundersøgelser og indsamle kundefeedback. Det kan give dig uvurderlige indsigter i dine kunders kulinariske ønsker og forventninger. Bevæbnet med denne viden kan du skræddersy dine menutilbud for at imødekomme deres smag og præferencer, samtidig med at du kapitaliserer de lukrative muligheder. Som tidligere chefkok og leder ved jeg, det er let at tænke: Hey, hvad med geniale og kreative mig? Jeg er jo årsagen til, at gæsterne kommer, og jeg er den, der skabte dette koncept fra begyndelsen, så hvis jeg fortsætter med at fokusere på min genialitet og gør, hvad jeg altid gør, må det være køreplanen til succes. Men, jeg er ked af, hvis jeg er den, der afslører det for dig, men det er for risikabelt at lade sin genialitet og selvfokus være den eneste vejledning. Du skal have 100% fokus på din målgruppe og derefter bruge din genialitet og kreativitet på at tage viden om dem ind og omsætte det til det, du gør bedst. Sammenlign det med denne lille anekdote: Du kan være en genial jæger og kende alle tricks og gøren for at bringe et trofæ hjem, hver gang du går på jagt. Men hvis du begynder at jage, hvor ingen dyr findes, så er din genialitet intet værd. Så stol på mig, hav fuld fokus på din målgruppe, når du planlægger selv de mindste detaljer i din restaurant, ellers vil gæsterne holde sig væk.

At skabe en overbevisende brand historie

Før du kan markedsføre din restaurant effektivt, skal du definere din brandidentitet og skabe en overbevisende brandhistorie, der resonerer med din målgruppe (Avatar). Så kort fortalt skal din brandhistorie indkapsle din restaurants unikke personlighed, værdier og tilbud og formidle dem på en måde, der fanger og inspirerer dine kunder. Her er nogle nøgleelementer til overvejelse, når du skaber din brandhistorie:

1. Mission og værdier:

Hvad adskiller din restaurant fra andre? Hvilke værdier står du for? Definér din mission og værdier for at give en klar følelse af formål og retning for dit brand.

2. Unik salgsværdi (USP):

Hvad gør din restaurant speciel? Identificér din unikke salgsværdi – den ene ting, der adskiller dig fra konkurrenterne – og fremhæv den i din markedsføring.

3. Visuel identitet:

Din visuelle identitet – inklusive dit logo, farveskema og designelementer – skal afspejle essensen af dit brand og fremkalde de ønskede følelser og opfattelser blandt dit publikum.

4. Storytelling:

Brug storytelling til at bringe dit brand til live og skabe følelsesmæssige forbindelser med dit publikum. Del historier om din oprindelse, dit team, dine ingredienser og dit engagement i lokalsamfundet for at personificere dit brand og gøre det relaterbart.

Byg en online tilstedeværelse

I dagens digitale tidsalder er det essentielt at have en stærk online tilstedeværelse for at nå og engagere din målgruppe. Fra sociale medier til din hjemmeside fungerer din online tilstedeværelse som en virtuel butik for din restaurant, hvor du viser dine tilbud, engagerer dig med kunder og driver trafik til din fysiske placering. Her er nogle nøglestrategier til at opbygge en effektiv online tilstedeværelse:

1. Sociale medier markedsføring:

Udnyt sociale medieplatforme som Instagram, Facebook og LinkedIn som forbindelse til dit publikum, dele appetit-vækkende fotos af dine retter, promovere særlige tilbud og events samt interagere med dine kunder i realtid.

2. Optimering af hjemmeside:

Sørg for, at din hjemmeside er brugervenlig, mobilvenlig og optimeret til søgemaskiner for at tiltrække organisk trafik og konvertere besøgende til kunder. Inkluder væsentlig information som din menu, åbningstider, placering, adgangsforhold og kontaktoplysninger, og gør det nemt for kunder at reservere bord eller bestille online.

3. E-mail marketing:

Byg en e-mail liste af loyale kunder og potentielle kunder og brug e-mail marketingkampagner til at holde dem informeret om specielle tilbud, nye retter, kommende events og andre nyheder og opdateringer fra din restaurant. Tilpas dine beskeder og segmenter til dit publikum for at levere målrettet og relevant indhold, der resonerer med deres interesser og præferencer.

Husk at du kun må sende e-mail marketing til de kunder, som har givet dig tilladelse, her skal du være kreativ og finde en god måde at spørge dem om tilladelse, det kan være i forbindelse med at du giver dem noget gratis og beder dem om at udfylde et online spørgeskema eller lignende.

4. Online anmeldelser og omdømmestyring:

Overvåg online anmeldelsessider som Google My Business og TripAdvisor for at vurdere kundefeedback og reagere hurtigt på både positive og negative anmeldelser. Brug kundefeedback til at identificere forbedringsområder for på den måde at vise dit engagement i kundetilfredshed og service excellence.

Kreative kampagner og events

Ud over at opretholde en stærk online tilstedeværelse kan kreative kampagner og events hjælpe med at drive trafik, øge salget og skabe spænding omkring din restaurant. Uanset om det er en særlig menulancering, temaevents eller et samarbejde med en lokal velgørenhedsorganisation eller influencer, er her nogle ideer til at inspirere dine salgsfremmende indsatser:

1. Sæsonkampagner:

Udnyt sæsonmæssige tendenser og højtider ved at tilbyde særlige kampagner, temamenuer og sæsonretter, der stemmer overens med din målgruppes smag og præferencer. Uanset om det er en Valentines menu, en sommer barbecuefest eller en hyggelig efterårsinspireret smagemenu, skaber sæsonkampagner en følelse af at der må handles og giver dermed en forventningsfuld spænding blandt din målgruppe.

2. Happy hour tilbud:

Introducer happy hour tilbud, drikkevare kampagner og barsnack menuer for at tiltrække fyraftens folkemængder og for at øge salget i ikke-spidsbelastningstimer. Overvej at tilbyde nedsatte drikkevarer, forretter og småretter for at lokke kunder til at blive længere og bruge flere penge. Kombiner det eventuelt med sport eller andet tv, der kunne passe til dit koncept.

3. Køkkenchefens eksklusive middage:

Værtskab for eksklusive kokkemiddage, smage events eller kulinariske workshops for at vise din restaurants kulinariske ekspertise, kreativitet og innovation. Skab en mindeværdig spiseoplevelse for dine gæster ved at tilbyde bag-om-scenen adgang, vinkælder fremvisning, personlige interaktioner med køkkenchefen og unikke kulinariske kreationer, der fremhæver din restaurants signaturstil og smag.

4. Fællesskabsengagement:

Engagér dig med dit lokale samfund ved at deltage i lokale events, sponsorere lokale sportshold eller velgørenhedsorganisationer og samarbejde med nabovirksomheder for at fremme hinandens tilbud. Ved at blive et aktivt og værdsat medlem af dit lokalsamfund kan du opbygge goodwill, loyalitet og mund-til-mund anbefalinger, der driver gentagne forretninger og kundeloyalitet.

Måling og analyse af resultater:

Når du implementerer dine markedsføringsstrategier og kampagner, er det essentielt at spore og måle deres effektivitet for at afgøre, hvad der virker, og hvad der ikke gør. Brug nøglepræstationsindikatorer (KPI'er) som salgsdata, hjemmeside trafik, sociale medier engagement og kundefeedback til at evaluere effekten af din markedsføringsindsats og for at identificere forbedringsområder. Her er nogle værktøjer og teknikker til at måle og analysere dine markedsføringsresultater:

1. Salgssporing og rapportering:

Brug dit point-of-sale (POS) system til at spore salgsdata, overvåge transaktionsvolumener og identificere tendenser i kundeadfærd og forbrugsmønstre. Generer salgsrapporter, indtægtssammendrag og profitmarginer for at få indsigt i den økonomiske præstation og sammenligne dem med dine markedsføringsinitiativer. Det er her du også bør tage værktøjet Menu Engineering analyse, som jeg tidligere har beskrevet, med i dine vurderinger.

2. Hjemmesideanalyse:

Brug webanalyseværktøjer som Google Analytics til at spore hjemmeside trafik, brugeradfærd og konverteringsrater. Overvåg metrics som sidevisninger, bounce rates og klik-through rates for at vurdere effektiviteten af din hjemmeside og online markedsføringsindsats. Eller få nogen med denne indsigt til at gøre det for dig.

3. Sociale medier indsigt:

Udnyt sociale mediers analyseværktøjer leveret af platforme som Facebook, Instagram (Meta) mf. til at spore engagement, publikum demografi og performance. Brug disse data til at finjustere din sociale medier strategi, optimere indhold og drive meningsfulde interaktioner med dit publikum.

4. Kundefeedback og undersøgelser:

Indsaml feedback fra dine kunder gennem undersøgelser, anmeldelser og kommentarkort for at vurdere tilfredshedsniveauer og indsamle indsigt i deres præferencer. Det er guld værd!

Kapitel reflektion	Noter / handling

LAGERSTYRING: KONTROL AF OM-KOSTNINGER OG SPILD

Jeg har allerede berørt dette emne i et tidligere kapitel, men i dette kapitel vil jeg dykke ned i detaljerne om at styre din restaurants lager for at kontrollere omkostninger, minimere spild og optimere rentabiliteten. Fra at fylde hylder til at tælle lager spiller hvert aspekt af lagerstyring en vital rolle i din virksomheds succes. Så lad os smøge ærmerne op og tage på en rejse til effektivitet, organisering og spild-reduktion!

Forståelse for vigtigheden af lagerstyring:

Lagerstyring handler ikke kun om at holde styr på dit lager – det handler om at opretholde en delikat balance mellem udbud og efterspørgsel, minimere spild og maksimere rentabiliteten.

Effektiv lagerstyring sikrer, at du har den rette mængde ingredienser til rådighed for at imødekomme kundernes efterspørgsel, samtidig med at du undgår overlagering eller underlagering.

Ved at implementere god lagerstyringspraksis kan du kontrollere omkostninger, strømline opgaver og forbedre din restaurants samlede effektivitet.

Organisering af dit lager

Før du effektivt kan styre dit lager, skal du organisere det på en måde, der letter effektiv sporing, overvågning og genopfyldning. Her er nogle tips til effektivt at organisere dit lager:

1. Opbevaringslayout:

Design specifikke opbevaringsområder til forskellige kategorier af lager, såsom tørvarer, letfordærvelige varer og ikke-letfordærvelige varer. Organisér dine opbevaringsområder logisk, med ofte brugte varer placeret inden for nem rækkevidde og mindre brugte varer opbevaret bagerst eller på højere hylder.

2. Først ind, først ud (FIFO) system:

Implementér et FIFO-system for letfordærvelige varer for at sikre, at ældre lagre bruges før nyere lagre. Mærk dine varer med udløbsdatoer og roter lager regelmæssigt for at minimere spild og forhindre fordærv.

3. Lagerstyringssoftware:

Hvis du har et stort lager, er det værd at overveje at investere i et lagerstyringssoftware eller et point-of-sale (POS) system med lagerstyringsfunktioner for at strømline sporing og overvågning af dit lager.

Disse værktøjer giver dig mulighed for at spore lagerniveauer i realtid, opsætte automatiske genbestillingspunkter og generere rapporter for at identificere tendenser og forudsige efterspørgsel.

4. Fysiske lagertællinger:

Udfør regelmæssige fysiske lagertællinger for at afstemme dine faktiske lagerniveauer med dine registrerede lagerniveauer. Planlæg disse tællinger i off-peak timer for at minimere forstyrrelser af driften og sikre nøjagtighed. Gør det helst en gang om måneden.

Kontrol af omkostninger gennem lagerstyring

Effektiv lagerstyring er essentiel for at kontrollere omkostninger og maksimere profitabiliteten i din restaurant. Her er nogle strategier til at kontrollere omkostninger gennem effektiv lagerstyring:

1. Sæt minimumsniveauer:

Etabler minimumsniveauer for hver vare i dit lager baseret på historiske salgsdata, efterspørgselsprognoser og opbevaringskapacitet. Minimumsniveauer repræsenterer den mindste mængde af hver vare, du bør have på lager for at imødekomme forventet efterspørgsel uden at opbygge et for stort lager.

2. **Leverandørforhold**:

Dyrk stærke relationer med dine leverandører og forhandl favorable vilkår, rabatter og betalingsbetingelser for at reducere indkøbsomkostninger. Konsolider dine indkøb med en udvalgt gruppe af foretrukne leverandører for at udnytte købekraft og strømline bestillingsprocesser.

3. **Menu engineering:**

Analyser din menu for at identificere høj-profit emner og optimere dit lager i overensstemmelse hermed. Fokusér på at fremme emner med høj dækningsgrad og minimale ingrediensomkostninger for at maksimere profitabiliteten samtidig med at minimere spild.

4. **Spildreduktion strategier:**

Implementér spildreduktion strategier såsom portionskontrol, opskriftsstandardisering og kreativ brug af rester for at minimere madspild og maksimere værdien af dit lager.

Træn dit personale i at håndtere ingredienser med omhu og bruge dem effektivt for at minimere spild.

Strømlining af opgaver gennem lagerstyring

Effektiv lagerstyring er vigtigt for at strømline driften og forbedre din restaurants samlede effektivitet. Her er nogle måder, hvorpå effektiv lagerstyring kan strømline dine drift:

1. Prognoser og efterspørgselsplanlægning:

Brug lagerdata og salgsprognoser til at forudse efterspørgsel og planlægge dine indkøb og produktionsplaner i overensstemmelse hermed. Ved at tilpasse dine lagerniveauer til forventet efterspørgsel kan du minimere udsolgte varer, reducere overskydende lager og optimere opbevaringsplads.

2. Automatiseret genbestilling:

Opsæt automatiserede genbestillingssystemer CANBAN eller brug lagerstyringssoftware til automatisk at genbestille varer, når lagerniveauer falder under forudbestemte tærskler. Det hjælper med at sikre, at du altid har den rette mængde lager til rådighed uden manuel indgriben.

3. Krydstræning af personale:

Kryds træn dit personale til at håndtere flere roller og ansvar, inklusive lagerstyringsopgaver såsom modtagelse, opfyldning og optælling af lager. Det øger ikke kun fleksibiliteten og smidigheden i bemandingsindsatsen, men sikrer også, at lagerstyringsopgaver udføres effektivt og nøjagtigt.

4. Regelmæssige revisioner og gennemgange:

Udfør regelmæssige revisioner og gennemgange af dine lagerstyringsprocesser for at identificere forbedringsområder og implementere korrigerende handlinger efter behov. Indhent feedback fra dit personale og inkorporér deres input i dine lagerstyringsprocedurer for at strømline operationer og forbedre effektiviteten.

Konklusion: At mestre lagerstyring

Ved at organisere dit lager effektivt, kontrollere omkostninger gennem strategiske indkøb og spildreduktion, og strømline operationer gennem effektive lagerstyringspraksisser, kan du opnå større effektivitet, rentabilitet og succes i din restaurantdrift. Så omfavn lagerstyringens magi og lad det være den hemmelige ingrediens, der driver din restaurant til nye højder af succes!

Kapitel reflektion	Noter / handling

ØKONOMISKE FUNDAMENTER: BUDGETTERING OG PROGNOSER FOR PROFIT

Velkommen til den finansielle rygrad i din restaurant – budgettering og prognoser! I dette kapitel vil vi udforske de essentielle principper for økonomistyring, der vil hjælpe dig med at styre din restaurant mod profitabilitet og langsigtet succes.

Fra at skabe budgetter til at forudsige indtægter, spiller hvert aspekt af den økonomiske planlægning en afgørende rolle for at optimere din restaurants profit og sikre dens finansielle stabilitet. Så lad os dykke ned og lægge grunden til økonomisk succes i din restaurant!

Forståelse af vigtigheden af budgettering og prognoser

Budgettering og prognoser er hjørnestenene i økonomistyring i enhver virksomhed, og din restaurant er ingen undtagelse. Ved at skabe budgetter og prognoser kan du sætte økonomiske mål, fordele ressourcer effektivt og overvåge ydeevnen i forhold til målene. Disse værktøjer giver værdifuld indsigt i din restaurants økonomiske sundhed, hvilket gør det muligt for dig at træffe informerede beslutninger, identificere forbedringsmuligheder og proaktivt afbøde risici.

Oprettelse af et budget: Sætte økonomiske mål

Det første skridt i økonomisk planlægning er at oprette et budget – et vejkort, der skitserer din restaurants forventede indtægter, udgifter og profitmarginer over en specifik periode. Sådan oprettes et budget til din restaurant:

1. Indtægtsprognoser:

Start med at estimere restaurantens forventede indtægter baseret på historiske salgsdata, markedstendenser og sæsonmæssige udsving. Overvej faktorer såsom kundetrafik, gennemsnitlig regningsstørrelse og menu prissætning, når du forudsiger indtægter for hver indtægtsstrøm, inklusive spisning på stedet, mad ud af huset, selskaber og catering tjenester.

2. Udgiftskategorier:

Identificér og kategoriser din restaurants udgifter i faste og variable omkostningskategorier. Faste udgifter, såsom husleje, forsyningsselskaber og forsikring, forbliver relativt konstante uanset salgsvolumen, mens variable udgifter, som fx mad- og lønomkostninger, svinger i forhold til salget.

3. Budgetallokering:

Fordel midler til hver udgiftskategori baseret på historiske forbrugsmønstre, branchebenchmark og forretningsprioriteter. Sæt penge til side til uforudsete udgifter og nødsituationer for at sikre økonomisk modstandskraft og fleksibilitet.

4. Profitmål:

Bestem din restaurants ønskede dækningsgrad og sæt profitmål i overensstemmelse hermed. Din dækningsgrad repræsenterer procentdelen af indtægterne, efter at have fratrukket alle udgifter, og den fungerer som en nøgleindikator for din restaurants økonomiske præstation og bæredygtighed.

Indtægtsprognoser: Forudse fremtidig præstation

Udover at skabe budgetter giver indtægtsprognoser dig mulighed for at forudse fremtidig præstation og planlægge i overensstemmelse hermed. Sådan forudsiger du indtægter for din restaurant:

1. Analyse af historiske data:

Analyser historiske salgsdata, kundetendenser og markedsforhold for at identificere mønstre og forudsige fremtidige indtægtstendenser. Kig efter sæsonmæssige tendenser, kampagneeffekter og eksterne faktorer, der kan påvirke salgsvolumen, og juster dine prognoser i overensstemmelse hermed.

2. Markedsundersøgelser:

Gennemfør markedsundersøgelser for at vurdere konkurrencesituationen, identificere nye tendenser og vurdere kundernes præferencer og adfærd. Brug disse oplysninger til at finjustere dine indtægtsprognoser og tilpasse dine tilbud til markedets efterspørgsel.

3. Salgsprojekter:

Undersøg salgsvolumen for hver indtægtsstrøm baseret på din analyse af historiske data, markedsundersøgelser og forretningsindsigt. Overvej faktorer som menu forandringer, prisjusteringer og markedsføringsinitiativer, når du forudsiger salgsvolumen for spisning på stedet, mad ud af huset, selskaber og cateringtjenester.

4. Scenarieplanlægning:

Udvikl flere indtægtsscenarier baseret på forskellige antagelser og variabler for at tage højde for usikkerhed og risiko. Overvej bedste, værste og mest sandsynlige scenarier for at vurdere den potentielle indvirkning på din restaurants økonomiske præstation og juster dine strategier i overensstemmelse hermed.

Overvågning af præstation og justering af strategier

Når du har oprettet budgetter og prognoser, er det essentielt at overvåge din restaurants præstation regelmæssigt og justere dine strategier efter behov. Sådan overvåger du præstation og træffer informerede beslutninger:

1. Økonomisk rapportering:

Generer regelmæssige økonomiske rapporter, såsom resultatopgørelser, pengestrømsopgørelser og balanceopgørelser, for at spore din restaurants økonomiske præstation i forhold til budgetterede mål. Analyser afvigelser mellem faktiske og budgetterede tal for at identificere forbedringsområder og træffe korrigerende handlinger efter behov.

2. Nøglepræstationsindikatorer (KPI'er):

Identificer nøglepræstationsindikatorer (KPI'er), der er relevante for din restaurants økonomiske mål og målsætninger. Eksempler på KPI'er inkluderer bruttofortjeneste, dækningsgrad, lønomkostningsprocent og gennemsnitlig bordregningsstørrelse. Overvåg disse KPI'er regelmæssigt for at vurdere din restaurants økonomiske sundhed og identificere tendenser eller afvigelser, der kræver opmærksomhed.

3. Feedback og tilpasning:

Indhent feedback fra dit personale, kunder og interessenter for at få indsigt i din restaurants styrker, svagheder og muligheder. Brug denne feedback til at tilpasse dine strategier, finjustere dine tilbud og foretage løbende forbedringer for at forbedre din restaurants økonomiske præstation og gæstetilfredshed.

4. Fleksibilitet og smidighed:

Oprethold fleksibilitet og smidighed i dine økonomiske planlægnings- og beslutningsprocesser for at tilpasse dig skiftende markedsforhold, kundernes præferencer og forretningsdynamikker. Vær forberedt på at revidere dine budgetter og prognoser efter behov og juster dine strategier for at udnytte muligheder og afbøde risici.

Konklusion: At bygge et solidt økonomisk fundament

I dette kapitel udforskede vi vigtigheden af budgettering og prognoser i at opbygge et solidt økonomisk fundament for din restaurant. Ved at skabe budgetter, forudsige indtægter, overvåge præstation og tilpasse strategier kan du sætte klare økonomiske mål, fordele ressourcer effektivt og drive profitabilitet og vækst. Så omfavn kraften i økonomisk planlægning, og lad det være den ledestjerne, der fører din restaurant til økonomisk succes og velstand!

Kapitel reflektion	Noter / handling

KUNDEOPLEVELSE: FORBEDRING AF TILFREDSHED OG INDTÆGTER

I dette kapitel vil vi fortsætte ned ad oplevelsesøkonomiens sti som jeg belyste i et tidligere kapitel. Vi skal udforske kunsten i at skabe mindeværdige spiseoplevelser, der glæder dine gæster, fremmer loyalitet og driver indtægtsvæksten. Fra varme velkomster til personlig service, hver interaktion med dine kunder former deres opfattelse af din restaurant og påvirker deres sandsynlighed for at vende tilbage og anbefale din forretning til andre. Så lad os begive os ud på fortsættelsen af rejse ind i gæstfrihed, excellence og uforglemmelige øjeblikke!

Forståelse for vigtigheden af kundeoplevelse i praksis

Som tidligere nævnt, handler kundeoplevelse om mere end blot at servere mad - det handler om at skabe følelsesmæssige forbindelser, overgå forventninger og efterlade et varigt indtryk på dine gæster. I dagens konkurrenceprægede restaurantlandskab er enestående kundeoplevelse den nøglefaktor, der adskiller succesrige virksomheder fra resten. Ved at prioritere kundetilfredshed og loyalitet kan du opbygge en loyal kundebase og ultimativt øge indtægter og profitabilitet.

Skabe mindeværdige spiseoplevelser

Grundlaget for enestående kundeoplevelse ligger i at skabe mindeværdige spiseoplevelser, der efterlader et positivt indtryk. Sådan skaber du mindeværdige spiseoplevelser i din restaurant i praksis:

1. Varm velkomst:

Byd dine gæster velkommen med en varm og oprigtig hilsen, så snart de træder ind i din restaurant. Et venligt smil, en hjertelig hilsen og en ægte interesse for deres velbefindende sætter tonen for en positiv spiseoplevelse fra det øjeblik, de ankommer.

2. Personlig service:

Tag dig tid til at lære dine gæster at kende og forudse deres behov og præferencer. Personaliser din service ved at tiltale gæsterne ved navn, huske deres yndlingsretter eller drikkevarer og imødekomme særlige ønsker eller diætbegrænsninger for at få dem til at føle sig værdsatte og anerkendte.

3. Opmærksomhed på detaljer:

Vær opmærksom på de små detaljer, der bidrager til den samlede spiseoplevelse, såsom bordopdækning, atmosfære og præsentation. Skab en indbydende atmosfære med varm belysning, komfortable siddepladser og smagfuld indretning, og sørg for, at alle aspekter af spiseoplevelsen afspejler dit engagement til excellence.

4. Kvalitetsmad og drikkevarer:

Tilbyd konsekvent mad- og drikkevaretilbud af høj kvalitet, der overgår dine gæsters forventninger. Brug friske, og gerne lokalt producerede ingredienser, og tilbered retter med omhu og opmærksomhed på detaljer for at sikre en mindeværdig kulinarisk oplevelse, der får gæsterne til at komme tilbage efter mere uanset, hvilket koncept du måtte have.

Styrkelse af dit personale

Dit personale er din største ressource, når det kommer til at levere enestående kundeoplevelser. Giv dit personale den træning, de værktøjer og den støtte, de har brug for, så de kan udmærke sig i deres roller og overgå gæsternes forventninger.

Sådan styrker du dit personale til at levere enestående kundeoplevelser:

1. Omfattende træning:

Tilbyd omfattende træningsprogrammer, der udstyrer dit personale med den viden, de færdigheder og den selvtillid, der kræves for at levere fremragende service. Træn dit personale i menupunkter, servicestandarder, kommunikationsteknikker, mersalg og konfliktløsning for at sikre konsekvente og professionelle interaktioner med gæsterne.

2. Styrkelse og autonomi:

Giv dit personale ejerskab over gæsteoplevelsen og mulighed for at træffe beslutninger proaktivt for at løse problemer og forbedre gæstetilfredsheden. Persnalet skal opmuntres til at gå ud over det sædvanlige for at overgå gæsternes forventninger og skabe mindeværdige øjeblikke, der efterlader et varigt indtryk. I Tivoli arbejder de meget med at styrke servicen gennem autonomi. Der arbejdes blandt andet med begrebet "3-meter-reglen", hvor medarbejdere, høj som lav, skal agere direktør i en radius af tre meter til gæsterne i Haven. Der er specifikt sat fokus på fire konkrete situationer; værtskab over for gæsten, løs gæstens problemer, hold Haven ren og vær den bedste kollega. Hvordan opgaven løses, er op til den enkelte. Det virker at sætte dit personale fri og stole på at de vil gøre det bedste inden for de rammer du har defineret.

3. Feedback og anerkendelse:

Indhent feedback fra dit personale til måder man kan forbedre gæsteoplevelsen på og anerkend og beløn fremragende præstationer. Skab en kultur af påskønnelse og anerkendelse, hvor personalet føler sig værdsat og motiveret til at levere enestående service. Pas på der ikke bliver skabt en perfekthedskultur, men i stedet en kultur hvor det er okay at lave fejl og lære af dem sammen. Det styrker VI følelsen og alle vil turde indrømme, når de laver fejl, hvis der er en kultur omkring det og som fremmer det. Det betyder også at man hurtigere kan rette på fejl og ændre rutiner.

4. Kontinuerlig forbedring:

Frem en kultur af kontinuerlig forbedring ved at opmuntre feedback, omfavne innovation og en søgen efter muligheder for at forbedre gæsteoplevelsen. Gennemgå regelmæssigt gæstefeedback analyser, servicemålinger og identificer forbedringsområder for at drive løbende excellence i kundeoplevelse.

Forudse og overgå gæsternes forventninger

For virkelig at differentiere din restaurant og løfte gæsteoplevelsen er det essentielt at forudse og overgå gæsternes forventninger ved hvert kontaktpunkt. Sådan forudser og overgår du gæsternes forventninger i din restaurant:

1. Forudse behov:

Forudse dine gæsters behov og præferencer baseret på deres adfærd, kommunikation og kropssprog. Tilbyd proaktivt forslag, forudse særlige ønsker og adresser potentielle problemer, før de opstår, for at demonstrere din opmærksomhed og engagement i gæstetilfredshed.

2. Overrask og glæd:

Overrask og glæd dine gæster med uventede gestus, særlige berøringer og personlige oplevelser, der overgår deres forventninger. Uanset om det er en gratis forret, en håndskrevet note eller en fødselsdagsoverraskelse, efterlader disse små gestus'er et varigt indtryk og skaber mindeværdige øjeblikke, som gæsterne vil værdsætte.

3. Åben og opmærksom kommunikation:

Oprethold åben og opmærksom kommunikation med dine gæster gennem hele deres spiseoplevelse. Lyt aktivt til deres feedback, adresser eventuelle bekymringer eller problemer hurtigt og professionelt, og følg op for at sikre, at deres behov er blevet imødekommet og overgået.

4. Konsekvent excellence:

Stræb efter konsekvent excellence i alle aspekter af gæste-oplevelsen, fra det øjeblik de træder ind ad døren til det øjeblik, de forlader din restaurant. Tilbyd konsekvent mad af høj kvalitet, upåklagelig service og en indbydende atmosfære, der afspejler dit engagement i excellence og danner grundlaget for mindeværdige spiseoplevelser og igen det er uanset, hvilket koncept eller hvilken type restaurant, der er tale om.

Måling og overvågning af gæstetilfredshed

For at sikre, at du konsekvent leverer enestående kundeoplevelser, er det vigtigt at måle og overvåge gæstetilfredshed regelmæssigt. Sådan måler og overvåger du gæstetilfredshed i din restaurant:

1. Kunde feedback:

Indhent feedback fra dine gæster gennem kommentarkort, online anmeldelser og tilfredshedsundersøgelser for at vurdere deres tilfredshedsniveauer og identificere forbedringsområder. Opfordr til ærlig og konstruktiv feedback og brug den til at informere din beslutningstagning og serviceforbedringer.

2. Net Promoter Score (NPS):

Mål gæsternes loyalitet og anbefalingsgrad ved hjælp af Net Promoter Score (NPS), en måde der måler sandsynligheden for, at gæster vil anbefale din restaurant til andre. Beregn din NPS ved at spørge gæster, hvor sandsynligt det er, at de vil anbefale din restaurant på en skala fra 0 til 10, og kategoriser dem som initiativtagere, passive eller fortalere baseret på deres svar.

3. Servicemålinger:

Spor servicemålinger som ventetider, bord omsætningshastigheder og ordre nøjagtighed for at vurdere effektiviteten og effektiviteten af dine operationer. Analyser disse målinger regelmæssigt for at identificere tendenser, mønstre og forbedringsområder, og implementer strategier for at forbedre gæsteoplevelsen.

4. Mystery shopping:

Udfør mystery shopping evalueringer for at vurdere kvaliteten af service og gæsteoplevelsen fra et upartisk perspektiv. Brug mystery shopping rapporter til at identificere styrker og svagheder i din servicelevering og implementere målrettede trænings- og udviklingsinitiativer for at adressere eventuelle forbedringsområder.

Konklusion: At hæve gæsteoplevelsen

I dette kapitel udforskede vi vigtigheden af kundeoplevelse for at forbedre tilfredshed og indtægter i din restaurant. Ved at prioritere enestående service, styrke dit personale, forudse og overgå gæsternes forventninger, måle og overvåge gæstetilfredshed kan du skabe mindeværdige spiseoplevelser, der får gæsterne til at komme tilbage efter mere og driver indtægtsvæksten i din restaurant.

Så omfavn kraften i kundeoplevelse, og lad det være drivkraften, der fører din restaurant til nye højder af succes og velstand!

Kapitel reflektion	Noter / handling

TILPASNING TIL TENDENSER: AT FORBLIVE PROFITABEL I EN SKIFTENDE VERDEN

Velkommen til den stadig foranderlige verden i restaurationsbranchen, hvor det drejer sig om nøglen til at bevare profitabiliteten og relevansen i at holde sig foran tendenserne!

I dette kapitel vil vi udforske vigtigheden af at tilpasse sig nye tendenser og skiftende forbrugerpræferencer for at sikre din restaurants langsigtede succes. Fra at omfavne nye teknologier til at imødekomme skiftende kostpræferencer, præsenterer hver ændring i det kulinariske landskab både udfordringer og muligheder for innovation og vækst. Så lad os dykke ned i den dynamiske verden af trendtilpasning og opdage, hvordan du kan trives i en verden i forandring!

Forståelse af dynamikken i forandring

Restaurationsbranchen er ikke fremmed for forandringer med tendenser, der skifter og udvikler sig i et hurtigt tempo. Uanset om det er skiftende forbrugerpræferencer, nye teknologier eller samfundsmæssige skift, kræver det tilpasningsevne, smidighed og en vilje til at omfavne innovation for at forblive profitabel i et skiftende setup. Ved at forstå dynamikken til forandring og forudse tendenser, før de bliver mainstream, kan du positionere din restaurant til succes og holde dig foran udviklingen.

Omfavn teknologisk innovation

I dagens digitale tidsalder spiller teknologi en stadig større rolle når det handler om at forme restaurationslandskabet. Fra online bestillingsplatforme til mobile betalingssystemer, teknologiske innovationer ændrer måden, kunder interagerer med restauranter på, og former deres forventninger til bekvemmelighed og effektivitet. Sådan omfavner du teknologisk innovation i din restaurant:

1. Online bestilling og levering:

Omfavn online bestillingsplatforme og tredjeparts leveringsservices for at nå nye kunder og udvide dine indtægtsstrømme. Samarbejd med populære leveringsapps eller invester i din egen leveringsinfrastruktur for at tilbyde bekvemmelighed og fleksibilitet til dine gæster.

2. Mobile betalingsløsninger:

Implementér mobile betalingsløsninger såsom digitale tegnebøger, kontaktløse betalinger og mobile bestillingsapps for at strømline transaktioner og forbedre gæsteoplevelsen.

Tilbyd sikre og problemfrie betalingsmuligheder, der imødekommer de teknologikyndige kunders præferencer.

3. Digital markedsføring og engagement:

Udnyt digitale markedsføringskanaler såsom sociale medier, nyhedsbreve via e-mail og målrettet reklame for at engagere dit publikum, promovere dine tilbud og drive kundeloyalitet. Brug dataanalyser til at spore og analysere kundeadfærd og præferencer og tilpas dine markedsføringsindsats i overensstemmelse hermed.

4. Smarte køkkenteknologier:

Undersøg brugen af smarte køkkenteknologier såsom lagerstyringssystemer, automatiseret madlavningsudstyr og data analyseværktøjer for at optimere operationer, reducere spild og forbedre effektiviteten i dit køkken. Inverster i teknologier, der strømliner arbejdsprocesser, forbedre madkvaliteten og driver omkostningsbesparelser.

Tilpasning til skiftende kostpræferencer

Efterhånden som forbrugerne bliver mere sundhedsbevidste og miljøbevidste, skifter kostpræferencerne mod sundere alternativer, plantebaseret, bæredygtigt og allergivenlige muligheder. For at forblive profitabel i et skiftende miljø er det vigtigt at tilpasse sig disse skiftende kostpræferencer og tilbyde diverse menuvalg, der appellerer til en bred vifte af smag og præferencer.

Sådan imødekommer du skiftende kostpræferencer i din restaurant

Der er tilbøjelighed til at have alt for stor fokus på den kreative del af menuen, samt "vi plejer" i restauranterne og for lidt fokus på at kreere et sundt og energigivende måltid, som indeholder alt det, der er nødvendigt for at opretholde en sund krop. Der er for lidt tillid til de trends, der skyller ind over verden og hermed Danmark, så der er en tendens til at blive i det kendte og håbe, at det det vi plejer at gøre, også trender i morgen.

Potentielt betyder det at færre går ud og spiser ofte, fordi det anses alt for kalorietæt eller ensformig at gå på restaurant.

Som vi gennemgik i afsnittet om Marketing, så tænk dig ind i din Avatars livsstil og præferencer og vurder om dit koncept nu også omfavner din ideelle kunde Avatar. Så i stedet for alene at fokusere på dig, din gastronomiske identitet, som udfolder sig igennem det perfekte måltid hvad angår smag og udseende, så prøv at stoppe op og tænk på, om du kan bruge din kreativitet til at skabe det perfekte måltid set ud fra kundens "virkelige" behov. Du behøver ikke miste dit kunstneriske touch blot fordi, det skal handle om kunden.

Det gælder også steak og burger og generelt fastfoodrestauranterne. Der er alt for stor fokus på den del af konceptet, som selvfølgelig er årsagen til, at gæster kommer, men kunne det tænkes, at der blandt dine gæster var nogen, der tænkte på deres sundhed? Og har du plads til dem? De kunne jo være en del af det bord på 4, hvor 2 har lyst til en kødfuld burger, mens de to andre sidder og tænker, øv, nu skal jeg igen gå på kompromis med mine værdier. Så det kunne være en ide at tænke over, om det kunne give dig potentielt flere kunder, hvis du omfavner de trends, der sker i samfundet på trods af dit stærke koncept.

1. Plantebaserede og veganske muligheder:

Inkludér plantebaserede og veganske muligheder i din menu for at imødekomme den voksende efterspørgsel efter vegetarisk og vegansk mad. Eksperimentér med plantebaserede proteiner, mælkealternativer og kreative grøntsagsbaserede retter, der appellerer til både veganere og omnivorer, samt ikke mindst den del af kundegruppen som også gerne vil have flere grøntsager.

2. Bæredygtige indkøb:

Indkøb ingredienser fra bæredygtige og miljøansvarlige leverandører for at appellere til økobevidste forbrugere, der prioriterer bæredygtighed og etiske værdier. Fremhæv dit engagement i bæredygtighed på din menu og i dine markedsføringsmaterialer for at tiltrække miljøbevidste gæster.

3. Allergivenlige tilbud:

Tilbyd allergivenlige menuvalg og imødekom diætbegrænsninger og fødevareallergier for at sikre, at alle gæster kan nyde en sikker og behagelig spiseoplevelse. Træn dit personale til at håndtere allergianmodninger med omhu og opmærksomhed for at forhindre krydskontaminering og sikre gæstens sikkerhed.

4. Personlig Menu tilpasning:

Giv fleksibilitet og tilpasningsmuligheder på din menu for at imødekomme individuelle kostpræferencer og begrænsninger. Tilbyd tilpasselige salater, byg-selv skåle og erstatningsmuligheder, der giver gæsterne mulighed for at skræddersy deres måltider efter deres specifikke behov og præferencer.

Forbliv relevant på et konkurrencepræget marked

På et konkurrencepræget restaurantmarked kræver det kontinuerlig innovation, differentiering og en dyb forståelse af din målgruppe at forblive relevant.

Sådan forbliver du relevant på et konkurrencepræget marked:

1. Menu innovation:

Innovér og opdater kontinuerligt dine menutilbud for at holde gæsterne spændte og engagerede. Eksperimentér med nye smagsvarianter, ingredienser og madlavningsteknikker, og inkorporér sæsonbetonede og lokale ingredienser for at holde din menu frisk og tiltalende.

2. Unikke spiseoplevelser:

Tilbyd unikke spiseoplevelser såsom kokkens smagemenuer, temabegivenheder og pop-up middage for at skabe buzz og spænding omkring din restaurant. Vær vært for særlige begivenheder, samarbejd med lokale producenter og foreninger og hold kulinariske workshops, så du engagerer dig med dit lokalsamfund og tiltrækker nye gæster.

3. Fællesskabsengagement:

Det er en god ide også at engagere dig med dit lokale samfund gennem partnerskaber, sponsorater og lokale arrangementer for at opbygge goodwill og loyalitet. Deltag i lokale festivaler, markeder og velgørenhedsarrangementer for at promovere din restaurant og skabe forbindelse med potentielle kunder.

4. Feedback og tilpasning:

Indhent regelmæssigt feedback fra dine gæster og brug den som information til din beslutninger og serviceforbedringer. Lyt til dine kunders forslag, adresser eventuelle problemer eller bekymringer hurtigt og professionelt, og tilpas dine tilbud og operationer baseret på deres feedback for at sikre, at du opfylder deres behov og forventninger.

Konklusion: Navigering i det skiftende landskab

I dette kapitel udforskede vi vigtigheden af at tilpasse sig tendenser og blive profitabel i et skiftende landskab i branchen. Ved at omfavne teknologisk innovation, imødekomme skiftende kostpræferencer, forblive relevant på et konkurrencepræget marked og indhente feedback og tilpasning, kan du positionere din restaurant til succes og trives i et stadigt udviklende kulinarisk landskab. Så omfavn forandring som en mulighed for vækst og innovation, og lad det være katalysatoren, der fører din restaurant til nye højder af succes og rentabilitet!

Kapitel reflektion	Handlingsplan